李商隐十五日谈

李让眉 著

中国长安出版传媒有限公司

帘外辛夷定已开,
开时莫放艳阳回。
年华若到经风雨,
便是胡僧话劫灰。

听

李让眉

讲

那过去的事情

（代　序）

陈立人 2022年1月

陈立人，著名雕塑家、画家、美术理论家，诗人。
澳大利亚新南威尔士大学美术博士。

《李商隐十五日谈》是李让眉所著第二部古诗词相关的作品，结合前一部反响良好的《所思不远》来看，她似乎正在营建一座展示历代中国诗人群像的长廊，要人物逼真翔实的那种——所思不远，其愿甚大。令人讶异的是，这偌大愿心却发于这样一位秀气的邻妹，又未闻有放逐失明胼脚之事发生……好吧，这不是重点。重点是这并非一件容易的事，更不是仅以一掬文艺青年的风雅所能支撑的。

艺文为世所重，亦为世所轻。李让眉走着一条逆行时风之路：榨水分、拂浮屑、九蒸九晒。她笔下的古代诗人们眉目要清晰、行止须有据，一个个细节一笔笔描出来，让读者们"在场"，从而产生与古人促膝对坐般的真切感受。诚意加死功夫当叫什么来着？工匠精神。对了，李让眉还真是从德国留学回来的。

稍微过度的足工足料，似乎暴露了李让眉对自己非国学科班出身的不自信——但也正因如此，这本小书非常好看、耐看。记得当今研究李商隐的专家骆冬青先生原就是学理科的，而古之士人经史之外莫非副业，李让眉面前这条长廊里的各位，可不也都是副业巨人么？

董仲舒言"诗无达诂",也即说诗是容许不确定性存在的。然盛唐开千古风气,却大抵只李、杜风格二种以及其他,皆不出赋比兴之廊庑,直至李商隐《无题》始,不确定性才真正作为一种本体属性而不仅是表现手段登上诗的舞台,即以文字本有的气味、音色、质感建构起一种类似交响乐的情绪传达路径。这是中晚唐最秾丽的一抹暗红,是一块宣示了主权却又不曾真正开发的新的疆土。李商隐是远远超越他那个时代的,甚至到了今日,我们也未能习惯多元、多种可能性,甚至是多个结局的故事。西昆诸子只看到了李商隐诗表层的华美,后学更多耽于索隐、强求达诂,分不清李诗与文字狱年代文人玩弄障眼法的区别。唐诗、宋词、元曲……中国诗宁可不停地变换载体、原地重绕赋比兴,也不愿探索未知与不确定,这是令人遗憾的。

很高兴看到李让眉早早地注意到了李商隐,以及他身后这块荒芜的疆土。

又值得庆幸的是,这本《李商隐十五日谈》并非全经美学之门而入——那将会是一本为小众而写的大部头,付梓之日,便是束阁之时。李让眉正在营造的诗人群像长廊,其实更近于讲中国故事:当代中国人与祖先的隔阂,绝不下于与西人的隔阂。把中国故事讲给中国人听，乃是一件怪诞而迫切的事情。

在众多故事讲员中，讲得最好的就是李让眉，这个判断一是来自客观——比对过当下国学圈中的成名之辈；二是出自主观——第一次与李让眉见面是在某次诗词峰会上，那时她还是个怯生生的大学生，与诗人大咖们对坐，不经意间的言谈中每有大气侧漏。当时联想到的是小郭襄，后又摇摇头，觉得不尽然——其实，我不过是想把那帮诗人称为"西山一窟鬼"罢了。

目录

第一日		为什么是李商隐？
001		留得枯荷听雨声

| 第二日 | | 李商隐的时代 |
| 013 | | 夕阳无限好，只是近黄昏 |

| 第三日 | | 李商隐身边人物群像 |
| 025 | | 高楼风雨感斯文 |

| 第四日 | | 李商隐的诗学偶像 |
| 041 | | 天河夜转漂回星 |

| 第五日 | | 李商隐的感情 |
| 059 | | 偷桃窃药事难兼 |

| 第六日 | | 李商隐的婚姻 |
| 075 | | 帘外辛夷定已开 |

| 第七日 | | 《燕台》之分析 |
| 091 | | 风光冉冉东西陌 |

| 第八日 | | 李商隐《无题》之猜测 |
| 109 | | 相见时难别亦难 |

第 九 日	《无题》:介于真实与想象之间
1 1 9	凤尾香罗薄几重

第 十 日	李商隐《无题》中的中国式审美
1 3 3	来是空言去绝踪

第十一日	有题目的无题:《锦瑟》
1 4 9	锦瑟无端五十弦

第十二日	李商隐的咏史诗《马嵬》(二首)其二
1 6 1	海外徒闻更九州

第十三日	宗教基因和诗的演变
1 8 1	萼绿华来无定所

第十四日	宗教的后身与李商隐的变化
1 9 5	落叶人何在,寒云路几层

第十五日	看世界,用李商隐的滤镜
2 0 7	梦为远别啼难唤

后 记
2 2 0

第一日

为什么是李商隐？

留得枯荷听雨声

凡事有本源，发愿也当存个初心。因此，在这十五天的漫谈开始之前，我想先抛出一个问题：为什么此时此刻，我们——也就是我和你两个各自独立的人，会选择李商隐作为分享这段时光的载体？你尽可思考你的答案。在回答这个问题前，我却想先讲一桩闲事。

2020年出了这样一则新闻：有个小姑娘认为，李商隐抄袭了某位古风作者的灵感，于是发帖号召粉丝们去搜索他的相关信息。被骂上热搜后，她道了歉，说自己本以为李商隐是一位现代网友，不知道原来是个"冷门诗人"。——知识盲区并不值得嘲笑，小姑娘的委屈是实在的。只是对知道李商隐的那部分人而言，这句话提供了丰富的玩味空间，让他们有了荒诞、割裂或者单纯的优越感。从传播学意义上看，这则新闻呈现得很高级。但是，回到事件本身，我们更该看到这样一个事实：李商隐的影响力有壁垒。

我想谈谈李商隐，初心就和这件事有点关联。我总觉得我们这个时代应该对他多一点儿了解，虽然这点儿了解里必然存在偏差。

人间永远不可能再次得到一个原原本本的李商隐了，但即使只能拥有一个朦胧的影子，我们也不妨去看上一会儿，就好像看着金庸先生在《天龙八部》里写到的无量玉壁：山谷里逍遥子和李秋水两位高人相对舞剑，影子反射投在山壁间，就这几点朦胧的剑影，已经足以让无量剑几代弟子参悟几十年。只要本体足够美，即使是影子，也有意义。

现在，如果你仍觉得刚才的问题不好回答，我想请你将它简化成另一个问题：你所了解的李商隐是什么样子的？

大多数人都知道唐朝有李杜，也有小李杜。李商隐就是这个小李。上学后，我们也在教学大纲要求下背过他的《登乐游原》《锦瑟》和一两首《无题》。他擅长写格律谨严的近体诗，情感丰富，表意却总朦胧不清，不爱把话说明白。如果你读过《红楼梦》，或许会记得林妹妹跟宝玉说过不喜欢他，但话音没落又赞了"留得残荷听雨声"这句诗——不过，她记错了，应该是"枯荷"。

若你再熟悉一些典故，应该也能看出"商隐"这个名字的含义：商山的隐士。它指的是汉高祖刘邦深为敬重的、出山就能匡扶天下的四位老人——商山四皓——西晋的史书《高士传》里说他们"修道洁己，非义不动"，所以李商隐字义山。有了这层领会，再想想李商隐的生平，你可能就会隐隐被这个名字刺心：他一辈子仕途不顺，虽然志向很高，但到死都没能得到过匡扶天下的机会。

再喜欢他的人也不得不承认，在大历史的视角中，他只是个在时代边缘游走的小人物。但我们之所以仍会谈起他，是因为这个小人物在诗歌史上是个巨人——虽然是个寂寞的巨人。

活着的时候，李商隐应该也算有一点儿诗名，只是远没到大诗人的份儿上。《全唐诗》一首首翻下来，你会发现和他有过酬答往来并且留下了记录的只有四个人，除温庭筠名气大些，其他人在文坛地位都不高。在晚唐五代的史书记载中，李商隐被归入苦吟一派，时人都说他才命相妨，是可怜可叹的。

这种评价没有任何信息量：它本来就是千古以来怀才不遇的文人们共用的一张脸谱，给贾岛、给孟郊或者给李贺都不违和，丝毫没展示出李商隐的个人特色。

那段时期，人们欣赏他的文章多过诗。各家选本对义山诗的考语都是绮艳、华美——虽然听着也像好话，但在我国文人的价值体系里，这实则并不算很高的评价。美、艳，意味着格调不高；雕饰太重，文胜于质，这不符合中国崇尚天然、讲究如出无意的审美。极端情况下，别有用心的人更可以把这种诗风解读为儒家所不齿的郑卫之声，借此作出作者才高于德，是轻薄文人的推定。

李商隐的名气，或者说热度到北宋才慢慢兴起。诱发点可以追溯到一个偶然事件。宋初诗人杨亿无意发现了李商隐散落在民间的诗稿百余篇。遍经搜求后，他共汇得义山诗计五百八十二首，并将之编成了一部完整的诗集。作为一代名臣，杨亿在政坛和诗坛都很有名望：他有能力用自己的审美去影响并聚集一批当时的主流文人。于是在他的带动下，宗李商隐的"西昆体"应运而生。一时间，西昆体与学白居易的白体，以及学贾岛、姚合的晚唐体三足鼎立，成为宋初诗坛一个很有影响的流派。

根据弱传播定律，凡事形成流派后，就难免会在传播需求的推动下走向表层。虽然杨亿多次赞美义山诗立意高明，但西昆体大多追随者的目光还只停留在文字表面。他们看到的是李商隐诗歌用字的考究、音韵的调和，继之应用在自身创作里，形成了求奇取巧、讲求文本美观的风气——有些偷懒的人更索性将李商隐的意象打乱重组后据为己有，这就接近于现今常说的"洗稿"。

有创作经验的人都知道，在文字表层肌理上下功夫，门槛是相对低的。它出效果快，在审美趋势上也容易引发上瘾并形成套路。于是最终，西昆体式的浮靡文风像皮肤病一样在宋初文坛上传播开来，影响力甚至大到朝廷要下诏禁止的程度。诏书中，矛头直接指向李商隐，说自他而始，文字就堕入奇技淫巧一道——这恐怕是李商隐活着的时候怎么都想不到的。

于是，从创作高峰期直至死亡，再经过晚唐五代，直到宋初，这改朝换代、先兴后禁的两百多年，李商隐一直都没能获得一个公允的评价。在前半段，他被居高临下地浓缩为怀才不遇的文人符号，后半段变成了粉丝经济催生的文学现象。

历史上第一个真正能点中他的佳作，并且沉下心咀嚼到他好处的人是王安石。

王安石曾指出李商隐的七律是杜甫一脉的传承，认为有几句诗，如"永忆江湖归白发，欲回天地入扁舟""雪岭未归天外使，松州犹驻殿前军"等，是杜甫尚不能及的。王安石非常推崇杜诗，这个评价因此也便格外有分量——观点是否能够达成共识且先不论，我认为比较可贵的是，王安石是第一个把李商隐的诗放入动态轴线里看的人。他注意到李商隐式语言有其根源，不再把它视为一个割裂的既有文学现象。在王安石眼中，义山诗是有生命力的：它不是一件件封闭的、完成态的工艺品，相反，它有血脉、有传承，自然也就可以继续生长。事实上，向未来持续开放可能性，也正是李商隐诗歌一个很重要的特点。

可惜这番见解没有得到多少认可。南宋之后，王安石被取消配享，继而理学兴起，文坛对李商隐也旋即从诗歌品评转向人格批评。人们认为他在党争中摇摆不定、趋炎附势，是个十足的小人，还引孔子"思无邪"之说，称他的诗是"邪思"。不难看出，把道德置于美学对立面的二元论，本质又回到了晚唐五代把诗歌人格化的老路——审美风向的变化自有历史助推，究其原因，或许是偏安时期人们欠缺安全感，精神和审美取向也就双双随之从外扩转向了内省：向内的道德是经验主义的产物，向外的想象力则面向未知和前沿。二者存在着代沟，也就当然会互相制约。

至金、元、明而下，李商隐更加沉寂。少数民族入主的朝代往往更推崇有活力、质朴晓畅的作品，朦胧婉约的诗当然不受待见，而明中前期虽主张"汉后无文，唐后无诗"，诗学审美趋向唐代，但这唐指的也是盛唐，跟李商隐还是没什么关系。及明后期性灵派当道，讲露、俗、趣，着慧眼于俗世，更偏重发现而不是创想，就更和李商隐走到两条路上了。

于是，随着国民审美性格的变化，王安石之后的三四百年里，几乎没有人对李商隐的诗提出过更先进的解读。主流诗坛对李商隐的关注回到了片面而零散的偶发状态，而他的诗真正进入系统化的理论去接受全方位打量，是从清朝开始的。

晚明到清前期，满族入主中原，存活下来的汉人士大夫长期处在压抑、不安、郁结、幽暗的情绪里。新统治者要主张其合法性，则必然面临着话语权的再分配，而随着文化的定义权被转交给政治，文字狱也随之兴起。文人们担心因言获罪，表达习惯便从明代那种活泼流易的市井风格慢慢走向婉转低回，再度接近李商隐式的诗歌风格。

明末清初出了很多贰臣，即在明朝有过功名，又去清朝当官的文人，如龚鼎孳、钱谦益、曹溶，也包括后来应试博学鸿词科的江南大儒，如朱彝尊、严绳孙等。因为改朝换代被迫变节，他们遭受了很多白眼，当然就很能理解李商隐这种在晚唐党争夹缝里求生存的困境。相似的感情底色下，道德不再是困境，学者们对李商隐的研究也慢慢丰富起来。除了进一步考证李商隐的人生经历，他们也开始关注其诗作的文本构架、语言质感、风格传承、典故气息，等等，慢慢形成了一个很丰备的研究体系。可以说，我们今天对李商隐的观感，有六七成都是在清代成型的。

再往后，就是我们今天了。

从任何角度看，这一百年，我们走得都极不容易。随着20世纪初新文化运动的兴起，中国人在极短时间里经历了一段艰难的新语言重构。这个过程中，西方诗歌在翻译者的选择和引导下进入中国的诗学视野，国人也随之看到了截然不同的意象组群和一套崭新而完整的诗学观念。

诗有了新的身份，也有了新的使命。它从站在万人中央、讲兴观群怨的温润贵族变成了冲在众人之前、手持火炬的新语言探路者。正因为这样,我们对它的评判标准也随之发生了变化:除了传情表意和美学要求之外,诗多出了一个现代性的维度。也就是说,它除了觉察、吸纳和巩固之外,更要有走向未知的能力。

在这种理念冲击下,李商隐诗歌的意义就凸显了出来。他对语言有非常精准而敏感的觉察力,能辨别字句排列、词性变化导致的极细小的差别。因此,他的诗在空间设计上也就比别人更为高级。李商隐对诗的实、虚、疏、密都有很精准的控制,如高手设计园林,拿到一块地就知道这个面积需要多少建筑,这些建筑该怎么布局,又如何互相呼应,适宜什么样的游览顺序。实处功夫做得够密够硬,人们往往就敢于放手给虚处留出空间,将作品的一部分开放给未知——这或许也是很多人乍看李商隐的感觉:他好像有满腹的心事,但真说出来的最多只有三分,余下的绝不写清楚,全让你猜——这个比例,其实与造园对建筑和水面的比例要求是相似的。画作要有留白,好给读者让出来再创作的空间,这种语言高手特有的能力和胆色可能在旧式文人的审美里并不重要,但在诗歌走向新目标的过程中不可或缺。

袁行霈先生主编的《中国古代文学史》中,隋唐五代文学这编教材单给李商隐开了一章——在这段诗歌最辉煌的时期里与李商隐享有同样待遇的,只有李白和杜甫两个人。这也可以代表今天的学院派给李商隐的定位:隋唐五代这段时间里,李杜加小李,是当今最认可的三杰。

是的,每个时代都有自己的偏好和局限,唐代有,宋代有,金、元、明、清有,我们更有。在晚唐五代,或者金、元乃至明代,说他是冷门诗人本就没有错。

我们生活在一个新旧夹层的空间里,因为扫盲的普及、互联网的平铺,文化一直在以几何级数向不同阶层开放,社会的审美倾向也前所未有地丰富。高与低、黑和白都还在高速搅拌,每时每刻产生着无数的花纹和气泡,从未停歇。我们的文化随时在经历新的变化,还远远没到形成新的沉淀层的时候。在这样的时代里,我们更该明白,每个名家、每种批评,有一个算一个,都只是一段新的接受史里的坐标。

李商隐的诗具有比别人的诗作更强的变化,理所当然也就能够吸附更多的可能性。同样处于变化中的我们,也就随之拥有了遇到一个不同于以前任何时代里定义的"新李商隐"的机会。

当然,每个全新的他都不会再是原本的他,就好像影子已经不只是本体所能决定,而更包括照向本体的那个光源一样。这才是李商隐的魅力所在。

以上就是我在第一天想说的,也可看作我对开篇"为什么是李商隐"这个问题的回答。后面我们会谈到很多内容:他所处的时代、他所在的圈层、他所爱的女子,当然更包括他的诗歌,但我希望你一定不要把这十五天里的任何内容理解为板结的知识点。

我说的每一个字,都不会是标准答案,因为李商隐本身就没有设置一个封闭的标准答案。希望你能在这场漫谈里开启创作脑,尽情去联想、兴发,最终制造出一个属于你的、全新的李商隐来。这才是今天的我们对他最好的致敬。

明天见。

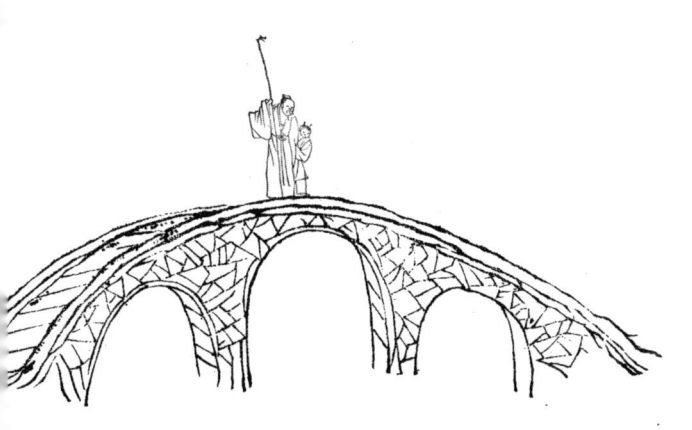

第二日

李商隐的时代

夕阳无限好，只是近黄昏

没有人可以独立于环境谈成长，所以在走近李商隐的诗歌前，我们得先聊聊他所处的时代。

昨天，我说他生活在一个朝代的边缘，但仅从时间轴上看，这个说法不严谨，毕竟自他去世到唐王朝覆灭尚有五十年的时间距离。我所说的边缘，更多是指他所处的王朝已经进入了活力减退的大周期：从朝局，到国民，再到军队，无一例外地都在走向"内卷"——这种感觉有点儿像黄昏，褪去色感的大趋势里，所有人和事都在慢慢模糊、趋于同质，产生新事物的可能性也随之逐步衰减。置身其中，想做事的人可能更有呼唤同道的冲动，但随着四周渐渐黯淡，他们对回声都不再敢心怀期待。

李商隐的"向晚意不适，驱车登古原。夕阳无限好，只是近黄昏"就在描述这样的衰世，后推及清代，龚自珍有一句"凭君且莫登高望，忽忽中原暮霭生"也是同样：眼睁睁大暮将至式的表述本就是时代感受，而非个人所感。黄昏中的志士最痛苦——

看得越高越远，就越容易增生绝望。而李商隐所处的晚唐，就恰是这样的时代。

中晚唐之间存在着一段量变积累的尴尬压力带，并没有清晰的分界。虽然课本通常告诉我们白居易、元稹是中唐诗人，李商隐、杜牧、温庭筠是晚唐诗人，但这两代人的年龄差不过在二三十岁之间：杜牧与元稹曾同朝为官，传闻和蜀妓薛涛有过往来；李商隐和白居易关系也很好，是一对互相欣赏的忘年交，还有过白愿来世托生为李儿的戏言。所幸我们今日并不需要给唐朝做断代——看生平，倒还是忘记时代界限会更清明些。毕竟时代不过是后人收殓死去时间所用的棺椁，而对个人来说，不存在任何跨越，只有源源不断的遭遇。

今天，我们就从李商隐的视角出发，捋一捋他所经历过的唐朝发生了些什么事。

谈李商隐避不开著名的"牛李党争"。它断断续续持续了四十多年，几乎笼罩了李商隐的一生。而这粒种子埋在李商隐出生五年前——唐宪宗元和二年（807年）。

这一年，牛僧孺和李宗闵两个年轻士人应考贤良方正制科，在试卷上针砭朝政，引起时任宰相李吉甫的不满。宰相认为此二人用意不纯，是求名取巧，遂在考试流程上寻了个由头，以主考官有徇私之嫌为名中断了选拔流程——彻查举证需要时间，两个士人随即在这次选拔中轮空。这番操作激起了朝堂上的众怒,许多大臣为此上书弹劾李吉甫嫉贤妒能,事态愈演愈烈,终以宰相被贬为淮南节度使暂告结束。

当角力变成混战,赢家也便不复存在——这个不是结局的结局,就是牛李党争的前传。牛党领袖正是牛僧孺和李宗闵,而李党所附则为李吉甫之子李德裕。元和二年的这点积怨,将会在十几年后慢慢生根发芽,对唐王朝的覆灭起到不可忽视的作用。

李商隐出生在元和七年(812年)。这一年,唐王朝还在正常运转,白居易也尚是满腔热血、一心要有所作为的直臣。等到二人结识时,白居易已是回归佛系、满口"鸡汤"了。

李商隐的父亲名叫李嗣,从名字不难看出这家人对人丁的渴望:李家这一支从李商隐太爷爷一辈就持续着血脉单传,每代只得一个男丁,且都是生完独子不久就去世,留妻子守寡将下一代拉扯大,再走向同样的命运。李嗣这代也没能逃开家族的魔咒。正值壮年的他突发急病死在江南一位官员的幕府中,这年,儿子李商隐只有十岁。

由于父亲去世,这个半大孩子不得不立刻担起当家长男的职责。而他面临的第一件大事,就是要立刻离开全家生活多年的江南,回河南老家安葬父亲。千里迢迢回乡落葬后,父亲幕府所得资财亦已耗费殆尽,离乡多年,老家田宅亦多荒失,我们可以想象返乡之后，李家这段日子的艰难。

童年的窘迫与对死亡的恐惧支配着李商隐的一生，也影响着他的创作——他的诗总是缺乏相信感的，即往往具有强烈的不确定性。虽然他时常用华美的道教意象加以掩饰，但其擅于依附与吸纳的情感内核，终究与盛唐诗人的自得自洽截然不同。

守制期满，李商隐立刻靠着江南开蒙打下的基础找到了一份兼职抄写员的工作，间歇也帮人做些舂米之类的体力活儿，为母亲减轻养家的压力，即所谓"佣书贩舂"。虽然生计艰难，他却始终没有停止读书，遇到难解之处也常向一位远房族叔求教。他始终盼着能通过科举进入朝廷，为母亲博一份安稳，而为了前途，他更练就了一手很好的骈文——甚至好到很多人都不知道他本是写古文起家的。

这段时间，朝中的牛僧孺、李宗闵和李吉甫的儿子李德裕也都成长了起来。李商隐十岁这年，时任户部侍郎的牛僧孺和中书舍人李德裕同时获得了拜相的机会。在时任宰相李逢吉的偏袒下，终是牛僧孺胜出，李德裕则被外派为浙西（今江苏镇江）观察使，错失了第一次机会。

回过头看，李德裕其实志向很高，是一位讲实干的官二代。去浙西后，他并没有气馁，不但率先节衣缩食，大刀阔斧整改军队，还几次上疏为民请命，反对朝廷的无理摊派，把江南治理得很好。几年后，李德裕又遇到了一次升迁的机会，他志在必得，却偏巧李宗闵联络宦官做内应，抢先一步当上宰相。这次，再度和拜相失之交臂的李德裕又被外放成了郑滑（治今河南滑县）节度使。

一连两番交锋后，双方的竞争逐渐导致了成见。

事实上，牛李党争到底是否该以牛李冠姓，学界尚说法不一——如唐史专家岑仲勉就认为"牛有党，李无党"：岑老认为李德裕作为家中几代都以恩荫入朝的相府公子，是讲门第、重身段的贵族，性格比较清高。他看不上同朝士人在所难免，气愤牛、李之争连累父亲，阻碍自己晋升也在情理之中，但结党拉踩之事不见得会——所谓李党的形成，更可能是一批朝臣前来依附，而他没有拒绝。另一边，牛僧孺、李宗闵科举起家，同科间帮衬勾连、形成派系的可信度则相对较高，但实则后人的理解也有偏差：牛党之所以叫牛党，主因在资历，牛僧孺被视为党魁是因为他先当了宰相，但真正与李德裕结怨的，是党派意识比较强的李宗闵。依此说法，"牛李党争"实际上是李宗闵操作，牛僧孺默许跟随，李德裕卷入接招的一场政治攻伐——但无论谁主动谁被动，之所以被定义为党争，还是因为两派人物各自吸引了大量追随者和拥护者。朝中的话语权本就集中在一个极小的圈子里，当圈子里选择站队的人足够多，多元的健康格局就会坍缩回二元：选择站队的人会用他们的逻辑去衡量其他人,根据政治主张或"朋友圈"去给他们贴标签,而当标签足够好贴,圈中就不会再存在中立派了——群而不党的君子会因为没有后援被误伤,最终无法自保而率先出局。

有了分化,随之而来的就是对正邪的再定义。每个阵营的官员都致力于泾渭分明地把对方妖魔化,在这个过程中,他们对己方一些有失分寸、偏离本心的行动包容度也随之增长。为了不让对方首脑获得更多权力,这一派可能会想尽办法阻止另一派在国家大事上的正确建议,随后将这种勾当合理化为阻止恶人掌权。不独牛李两党,实则很多看历史的后人也都难免走进这样非此即彼的思维,也正是因为此,后世才会有那么多对李商隐的人格攻击。

自李商隐十六岁以文知名、十七岁被荐入令狐楚的幕府到二十六岁恩主去世这段时间里,唐代的朝廷就处于从分化走向固化的状态。令狐氏的身份,是牛党。

令狐楚和白居易、刘禹锡等人关系都不错,是几代皇帝都认可的笔杆子。他文学素养高,成名也很早,时人公推他的骈文可与韩愈的古文、杜甫的诗并称"三绝"。这位文坛前辈对李商隐非常好,名义上虽是延请李商隐协助自己做一些文书工作,但事实上,李商隐入幕后常与令狐家的孩子们同学同游,更近乎及门弟子的待遇。令狐楚手把手带着这个贫寒少年走进了士人的圈子，也一直在为他规划未来，几次资助他去考进士——除了爱才，这也是他给儿子留下的政治投资。幕僚是幕主的家臣，李商隐中进士当了官，就也可算作令狐家的政治筹码。

但有唐一代，进士科名额素来就少，李商隐又不想给幕主添麻烦，不曾请令狐楚去朝中打点，故而考了几次都没能考中。

这段时间，李德裕拜相，被划为牛党的令狐楚随之失势。生计所迫，征求令狐家同意后，李商隐去时任兖海观察使的远亲崔戎府上当了幕僚，崔戎去世后又改投了牛党的萧浣。不久后，宦官得势激发甘露之变，大批中枢官员被杀。独令狐楚因文名在外幸免，他被宦官们拉去起草了为事变定性的诏书，正是写了这样一篇文章，他才得以保住性命与地位。时局渐渐平定，令狐家次子令狐绹也进入朝廷做了左补阙。作为一个怀揣着家族危机感的政治新星，令狐绹急需朝堂上的臂助，得知李商隐正在准备第五次应考后，他不失时机，频繁奔走，更刻意向考官多次提到李商隐的名字，最终助他考取了进士——倘以党争的视角看，李商隐的背景牌已就此亮出，他对牛党的忠诚，也应是理所当然。等候吏部选官时，前幕主萧浣病逝，李商隐为此写了一首长诗表示缅怀。虽然诗中只反复表述感激与伤恸，并不涉及政治成分，但因为萧浣是牛党，也就顺理成章地被看作李商隐递给牛党的又一张投名状。

此后不久，令狐楚也去世了。大树骤倾，令狐绹只能先采取守势，没有余力再去提携李商隐。李商隐家里实在太穷，获得朝廷任命前又拿不到俸禄，尴尬困窘之际，恰好节度使王茂元向他抛来橄榄枝，李商隐随即决定去他家当一段幕僚，解决生计的窘迫。然而，这个王茂元和李德裕有些旧交情。

李商隐前半生当过很多次幕僚，起草了大量高规格文书，文字工作早已很娴熟，是这一行的高级人才，此时又有了进士的资历，在地方面临的机会也便比以前多得多。王茂元的示好当然有他的考量，但不能否认的是他确实爱重李商隐的才华，也为此付出了很高的诚意——我们都知道，李商隐娶的正是王茂元的小女儿，而从他一些诗歌中我们更能大胆推断，甚至可能在入幕前，王茂元就表露过了许亲的意思。

站在今天的视角看，这只是一次骑驴找马的过渡。李商隐确有现实的苦衷，也并没说回来选官后就不再为令狐家效力；事涉婚姻，在现代的定义里属私人范畴，更没什么可指摘的，但在党争趋于白热的二元环境下，这种行为则理所当然会被贴上骑墙的标签：苦心栽培他的幕主令狐楚尸骨未寒，李商隐就不顾旧情，公然用联姻的方式攀上了另一党的高枝。

虽然后来很多学者认为把王茂元归于李党有些过度解读：一

则李德裕没有拉帮结派的动作，二则王茂元此前的升迁之路也并不涉及李德裕或其朋辈的提携——甘露之变后王茂元得以置身事外，更多是因为他斥巨资贿赂了宦官——也正是因为还没能贴上党派的标签，他才不得不积极拉拢新进士，稳固自家势力。但无论如何，令狐绹当然对李商隐这种在敏感时刻突然离开牛党阵营去"挣快钱"的选择很不解、很不快。

我们已经没办法确认当时的李商隐有没有体会到令狐绹的感受，但他肯定察觉到了令狐家的冷淡。结婚以后，他频繁写诗给令狐绹修复关系，但表意都很含糊：他没有解释过自己的苦衷，只是反复怀念旧情，告知近况，并且隔三岔五就含蓄地提醒对方，希望看在以前的交情上拉拔一下自己，而令狐绹自然不会再像从前那样全力相帮。渐渐地，两个人在通信时日益生疏客气。在一次次希望落空中，李商隐的诗也慢慢从开放式的倾诉退回到封闭式的自怜，从社交往来回归了自我建构。

因为贫瘠的童年记忆，李商隐的性格敏感而脆弱，他爱惜羽毛，不愿意把脆弱情绪堂而皇之地展示出来，却又不甘心闭口不言。这种情况下，他只能操纵语言，在诗作中制造一个封闭的自我空间挡一挡外人的视线，然后妥善地安放自己的痛苦——他的诗风也就是在这种心态下彻底成型的。

"牛李党争"最终以牛党元气大伤、李党彻底失势宣告结束。

几十年间两党官员起起落落，李商隐却没能从任何一党获得好处。形势所迫也好，心存投机也罢，短期目标驱动下的左右摇摆，最终没有带给他一个好前程。官路不顺，人到中年的李商隐不得已重拾了幕僚的旧业，但在党争之下，他托付的人也很容易沦为时代的炮灰。四十五岁这年，李商隐不得志地在郑州贫病而死。

此时的唐王朝，在一个个偶然事件的夹缝里，看似无辜地逐步陷入困顿："牛李党争"的内耗，让整个文官集团面对宦官时完全失去了还手之力和应有的话语权。事实上，无论牛僧孺、李宗闵，还是李吉甫、李德裕父子，都有才具，忠君爱国也绝无可疑——大唐交给其中任何一人长期掌控，都不至如此迅速地坠入崩坏。当然，若最初牛僧孺和李宗闵的卷子写得温和一些，又或者李吉甫心胸足够宽广，不挟私报复，更或者牛李双方在这四十多年里抓住任何一次和好的机会，互相给个台阶，唐王朝都不至走到这样的田地。但很遗憾，没有如果了。

在这段艰难的时期里，每个人都在挣扎——包括皇帝，包括牛李两党党魁，更包括那些被迫卷进来的大小官员和底层文人。每个人都清楚地看到发生了什么，但谁都没有办法解决；每个人都想说话，但在那样的分贝区里，语言也早已没有了意义。随着党争日渐白热化，双方都失去了停手的能力。人们只能寄希望于不拘任何手段，尽快打败对方，然后重整朝局。

文人的攻击和自保，战场都在言论。于是，因言获罪的氛围也渐渐兴起，创作者们纵然有一肚子的话，也要先确保自己不立危地——晚唐诗就是在这样的环境里诞生的。同期的杜牧、姚合、温庭筠等诗人在表达方式的选择上，虽与李商隐不尽相同，但底层逻辑是相似的：不失身份，也不落人口实，尽量把表达的重心控制在情绪里而不是事件上。他们不得不大量咏史、作宫词，因为只有借用这种万能题材，他们才能像个正常的士大夫说出自己想说又该说的话来。

读诗时，我们往往期待着更远、更开放的可能性，而这个可能性好像弹性势能，它能向外弹射多远，更多要取决于读者拿到诗后向内下的功夫多深——作者的经历，就是通向这首诗内部的唯一窗口。

希望今天的流水账能为你打开这扇窗。我们明天见。

第三日

李商隐身边人物群像

高楼风雨感斯文

昨天从纵向视角聊了历史,今天不妨走到李商隐身边横向环顾。我打算从历史地位、诗学观和人生交集三个维度,谈三位曾经出现在李商隐生命中的人。

给出了这样的选择标准,你可能立刻就猜到第一位是谁了。

对。杜牧。

在晚唐,杜牧和李商隐是齐名的顶尖诗人。与李白、杜甫相似,小李杜的年龄差也在十岁左右,只是长幼调了过来:杜牧大,李商隐小。

两个人没有血缘关系,但能攀上很远的姻亲:杜牧堂兄杜悰的母亲,是李商隐的远房姑妈。不过,对儿时离乡、近宗稀薄的李商隐来说,这种拐弯抹角的关系谱并不能产生什么人情效力。杜牧是京兆杜氏,和杜甫一样都是名将杜预的后人,爷爷杜佑曾经当过宰相,从出身门第看,远不是李家能比的。

杜牧早期仕途很顺利:二十六岁中进士后选为弘文馆校书

郎，清途华辙，虽然最终没能做到宰相，但做到中书舍人也还是比李商隐要好太多。

从正史上看，他们的人生几乎是没有交集的。杜牧的诗文集中从头到尾都没有出现过李商隐的影子。而之所以有人坚称两个人有私交，主要是因为李商隐的诗集中收录了两首赠给杜牧的诗：一首名为《赠司勋杜十三员外》，另一首是比较有名的《杜司勋》。

无论是"杜牧司勋字牧之，清秋一首杜秋诗"，还是"刻意伤春复伤别，人间惟有杜司勋"，都能看到杜甫"白也诗无敌，飘然思不群""李侯有佳句，往往似阴铿"的影子——从视角上看，李商隐的赠诗更近乎后学仰望，而不像平辈论交。但和始终恭谨亲厚的杜诗相比，李商隐诗里"前身应是梁江总，名总还曾字总持"的句子则显得不那么得体。

"梁江总"指曾供职梁、陈两代的宫廷诗人江总，之所以用他比杜牧，是因为二人表字都是从名衍生而来：杜牧字牧之，江总字总持。江总的诗纤细繁艳，是齐梁宫体诗中的翘楚，从梁武帝到陈后主都很喜欢。李商隐受六朝影响很深，当然也欣赏这种诗风，所以他心血来潮，就在赠诗里这样抖了个机灵。但对怀才不遇的宰相后人来说，被比作陈代的亡国宰相（"总当权宰，不持政务，但日与后主游宴后庭……当时谓之'狎客'"，《陈书·江总传》）并不好笑。提到江总，杜牧先想到的却未必是他的诗，而更可能是他的为人和际遇。

杜牧对时代的困局早有察觉，也一直满怀政治抱负。对于一个门第不低的士大夫来讲，任何涉及亡国的比喻和联想都会非常刺心。作为年龄和资历都远逊的后辈，李商隐这个有失分寸的玩笑就难免会让对方觉得尴尬。归根结底，还是因为两个人出身和处境不同，所以很难感同身受。

杜牧对这两首诗都没有留下答赠——是答了但没收入诗集，还是根本就没答，我们不能确定，但从李商隐这两首诗的口吻里不难看出来，小李杜都有文名，可能也见过面，但私交并不像大李杜那样融洽亲厚，至少还算不上是知音。

他们在诗学观上的分歧也很大。受骈文影响，李商隐作诗往往喜欢用典故去编织意象，这样不但表意可以互相映照，视觉想象上也能交错烘托。因为少年学道、晚年学佛的经历，李商隐擅长话不直露的宗教式表达：他不会把内容直接递交给读者，而偏好用神秘感去引导他们完成一场自我发现。而杜牧的诗则正相反。小杜生于世家，性格也相对务实，一旦下笔，就会追求极度的准确。他不喜欢遮遮掩掩、故弄玄虚——所以杜牧擅长的不是骈文，而是古文。

从感官体验来讲，我认为李商隐的作品是去时间性的，而杜牧反之。你可以理解为，李商隐的诗歌是视觉化的，拿在读者手中时,所有的诗句会同时呈现出来,而不再有先后的区别:如展开一幅大山水图画,观者已很难再去推想它的笔墨走势和形成过程了。而杜牧的诗则保留着时间性,更近乎是听觉化的。它像一首歌,一句唱完才能出下一句,而这一句也只能对后面的一句或两句起到领衬诱发的作用——当作品够长,时间的距离会让你无暇关注第一句和最后一句的联系。简而言之,李商隐的作品文本意义高于表达意义,杜牧则正相反。这两种截然不同的创作取向,正是双方不能互相走近、搔到对方痒处的原因。

因为今天的诗歌评判标准更重视对语言前沿的贡献,而不再是对民间音声的留存,所以李商隐的写法更"占便宜"。以对语言边界的探索能力而论,杜牧是略逊李商隐一筹的,但在晚唐直至此后的很多年中,杜牧才是更贴合主流审美的诗人。好恶没有对错,也永远不会固化,每个人有自己的偏重和判断,我就不再多做展开,给出一个自以为是的答案了。

总之,虽然沾着姻亲,但因为门第出身不同、处事风格不同、诗学审美不同,小李杜虽然生在同一个时代,却只能各显其能,互不干扰。任何探讨和碰撞都应该建立在充分而平等交流的基础上,很可惜,这两位晚唐最闪耀的诗人之间,最终没能取得这个对话基础。

真正能和李商隐互相欣赏,文学上的志趣主张也相差不远的,是和他并称"温李"的温庭筠。这是我今天要谈到的第二个人。

温庭筠原名温岐，庭筠是他自己改的名字。他出身太原温氏，祖上温彦博也当过宰相，虽然没有杜家那么显赫，但也算是贵族家庭。温庭筠博学，而且才思敏捷，据说他科考时作应试诗，一叉手就能完成一韵，八叉手就能彻底完篇，所以有个外号叫"温八叉"。因为性格孤傲清高，温庭筠得罪了很多人，加上喜欢饮酒赌博，名声不好，所以总不能授官，最终的仕途生涯也很潦倒。

"温李"这个称号和纯以名气绑定的"小李杜"不同，它更接近于中唐的韩孟、元白、刘柳，代表着同力带动起一种文学现象和气质的两个人。一定程度上说，"温李"上承六朝的文字质感和借象生意的创作手法，都比同期的杜牧更能体现晚唐的面目。

现今提到温庭筠，大多数人的第一印象大概都是《花间词》——十年前大热的电视剧《甄嬛传》曾经以《花间词》压篇的"小山重叠金明灭，鬓云欲度香腮雪"唱腔收尾，而这首《菩萨蛮》就出于温庭筠之手。然而，最能代表温庭筠创作偏好的诗句还要属"鸡声茅店月，人迹板桥霜"。《菩萨蛮》至少还在用"重叠""明灭"去描摹状态，用"欲度"去粘连意象，而"鸡声茅店月"则只由名词单元构成，在不作任何连缀修饰的前提下，就非常潇洒自如地把时间、心境、人物、动作很完满地展现出来了。

美国女权先锋格洛丽亚·斯泰纳姆有这么一句话："名词和规范由位高权重者掌管，而位卑言轻者只能拥有形容词。"话可能有点绝对，但它可以帮助我们理解。在古人的诗学体系里，诗歌的疏密，本质就在于诗人对名词掌控力的大小。当一首诗的构筑被完完全全交给不带任何主观色彩的名词，那么读者在阅读时，也就不得不参与进对其中意象的重新定义和感受——就好像语言出现之前，人们面对原生世界时下意识做出的反应一样。用精准的名词把诗的世界构筑好，再把动词和形容词的使用权让渡一部分给读者，这是一种更接近神性的写作手法，温庭筠和李商隐走的都是这一条路。

温庭筠的骈文很有名。他、李商隐和同时代写《酉阳杂俎》的段成式因为在家族中都排行第十六，骈文也就被时人合称为"三十六体"，风靡一时。小圈子内部私交不错，撇开段成式不谈，温李之间经常互相切磋诗文，对彼此的生活也很关怀。

对比前面给杜牧的赠诗，李商隐写给温庭筠的诗，姿态就自然得多，用情也更真挚。他说温"哀同庾开府，瘦极沈尚书"，句法脱胎于杜甫的"清新庾开府，俊逸鲍参军"，但杜诗收尾在"何时一樽酒，重与细论文"，情绪上是沉静克制的，李诗则说"所思惟翰墨，从古待双鱼"，除了文字上的期待，还在关心朋友的近况，关系就明显更近一层了。李商隐另一首寄温庭筠的诗是听闻一个朋友的噩耗后所作，"何因携庾信，同去哭徐陵"，他约温庭筠一起去为这位朋友祭扫，这也可见两个人一直共有一个关系稳定的"朋友圈"。

温庭筠也有赠李商隐的诗传世:"寒蛩乍响催机杼,旅雁初来忆弟兄。"以他孤高耿介的性格说出这样亲密的话,可以看出两个人不但文学审美相似,私交也确实很好。

作为后人,我们应该感谢他们的交情。正是因为有了深厚的感情基础,他们的诗歌得以在交流中互相成就,也互相铸造。经过一次次的碰撞和成长,李商隐把晚唐文学的最高水平融粹一炉,涵养了后来无数的诗人,温庭筠则拉开了此后几百年词学的序幕。

"温李"在当时是一对不得意的小人物,但站在文学史长长的轴线上,他们的价值远高于当朝的所有政治人物。

我要谈的最后一个人其实昨天就已经出现过了,但今天我还是想留几分钟给他——令狐绹。

令狐绹与李商隐的交情线很大程度影响了李商隐的诗歌底色,所以我们不得不多给他留一些展现空间:昨天说过,令狐绹行二,少年时与李商隐曾是不分彼此的好朋友。很长一段时间里,李商隐在给他的赠诗中都直接用他的字来称呼,写为《赠子直》,或者直接称作"令狐八",跟后来诗题里"令狐学士""令狐补阙""令狐八拾遗""令狐舍人""令狐郎中""时相"等称呼相比,亲疏的分别很让人感慨。

令狐绹在官场上口碑不是很好,常有记载说他嫉贤妒能、心胸狭窄，但对李商隐，令狐绹其实一直都留有余地。虽然后期两个人关系已经不再像早年那样单纯，酬答互动里也包含了一些试探、疑惑甚至戒备，但令狐绹其实从没反手打压过李商隐。相反，近年的很多研究都认为，如果没有令狐绹的帮助，李商隐后期的境遇只会更惨淡。

中进士后，李商隐和令狐绹仍然有诗文往来。他们互相询问近况，直到李商隐与王家女儿结婚后也没有中断。李商隐母亲去世以后，在湖州刺史任上的令狐绹还曾经为此写信慰问——虽然未必全不记恨，但至少令狐绹并没有决裂的想法。说得功利些：李商隐毕竟是父亲令狐楚为他精心培养的笔杆子，将来拜相，幕中本来也需要这么一个人。

两个人渐行渐远，更多是因为他们的需求偏差：令狐绹作为旧日伙伴和恩主，和李商隐的关系本身建立在绝对忠诚的预期上，但在令狐绹最艰难的时刻，李商隐也恰值生活窘迫，仕途不顺。他给双亲迁葬花光了积蓄，丁忧期间又赶上岳父去世。为了养家糊口，他不得不多方钻营，没办法保持所谓的气节长期虚悬于下位，等待令狐绹有朝一日的召唤。

李商隐后来之所以投奔李党的郑亚，也正是这种窘迫导致的短视。他在秘书省任正字时是正九品下阶，郑亚幕府给他的职位却是从六品上阶：地方官俸禄本来就比京官丰厚，加上品阶大幅调升，回朝如能"依资改转"，就可以"曲线救国"，迅速完成一个层阶飞跃。李商隐可能曾有荣归中央后再去投奔令狐绹的计划，但随着后来郑亚失势，希望落空，他不但仕途没有长进，和令狐绹之间的隔阂也加深了。

但即使如此，令狐绹还是帮过他几次，尽管不再倾尽全力——如果总是单方面在请托，再深的友情也会消耗殆尽。"此情可待成追忆，只是当时已惘然。"无论这首《锦瑟》和令狐绹有没有关系，诗里珍惜和怅惘的感情基调，用来归纳两个人的交往非常合适：他们的友情成长线里并没有割裂决绝的戏剧性转变，友情在早年的余温里被一点点蚕食。在感情上，双方都不曾有背叛的主观意图，但对最终结局也都不能说没有责任。他们做过很多挽回的动作，却只能眼睁睁看着双方的交情慢慢定格在一个不恰当的状态，然后慢慢僵化、麻木，丧失弹性。正是这种朦胧的隔阂，涵养出了李商隐这种欲说还休、委婉又多解的诗风。

一切的话不说透，含糊其辞，看似在摇摆，其实不过都是出于珍惜。

现在我们简单总结一下吧。今天聊到了李商隐的三组关系，"小李杜"一个用视觉思维，一个用听觉思维，各辟蹊径，双双走到了晚唐的诗学高峰，虽然他们并没能互相欣赏和共鸣，但晚唐的魅力也正在于他们互不妥协、各自坚定的存在。与"小李杜"

不同,"温李"则是意象派同心同力的继承者和发扬者,他们在切磋中不断精进,都在文学史里树立了自己独特的地位。三个人中,令狐绹地位最高,但在诗歌史上名气远不如前面两个人。然而,在共时性上,他才是李商隐最重要的陪伴者和成就者。正是因为一直心存对他的感念、愧疚、期待和失望,李商隐才成了我们最终看到的李商隐。

希望这组人物群像能在你心中给李商隐衬托出一个清晰些的轮廓。明天见。

附 与杜牧的酬赠——

赠司勋杜十三员外

杜牧司勋字牧之,清秋一首杜秋诗。
前身应是梁江总,名总还曾字总持。
心铁已从干镆利,鬓丝休叹雪霜垂。
汉江远吊西江水,羊祜韦丹尽有碑。

杜司勋

高楼风雨感斯文,短翼差池不及群。
刻意伤春复伤别,人间惟有杜司勋。

与温庭筠的酬赠——

闻著明凶问哭寄飞卿

昔叹谗销骨,今伤泪满膺。

空馀双玉剑,无复一壶冰。

江势翻银砾,天文露玉绳。

何因携庾信,同去哭徐陵。

有怀在蒙飞卿

薄宦频移疾,当年久索居。

哀同庾开府,瘦极沈尚书。

城绿新阴远,江清返照虚。

所思惟翰墨,从古待双鱼。

秋日旅舍寄义山李侍御

温庭筠

一水悠悠隔渭城,渭城风物近柴荆。

寒蛩乍响催机杼,旅雁初来忆弟兄。

自为林泉牵晓梦,不关砧杵报秋声。

子虚何处堪消渴,试向文园问长卿。

与令狐绹的酬赠——

赠子直花下

池光忽隐墙,花气乱侵房。

屏缘蝶留粉,窗油蜂印黄。

官书推小吏,侍史从清郎。

并马更吟去,寻思有底忙。

子直晋昌李花(得分字)

吴馆何时熨,秦台几夜熏。

绡轻谁解卷,香异自先闻。

月里谁无姊,云中亦有君。

樽前见飘荡,愁极客襟分。

令狐舍人说昨夜西掖玩月因戏赠

昨夜玉轮明,传闻近太清。

凉波冲碧瓦,晓晕落金茎。

露索秦宫井,风弦汉殿筝。

几时绵竹颂,拟荐子虚名。

令狐八拾遗（绹）见招
送裴十四归华州

二十中郎未足希，骊驹先自有光辉。

兰亭宴罢方回去，雪夜诗成道韫归。

汉苑风烟吹客梦，云台洞穴接郊扉。

嗟予久抱临邛渴，便欲因君问钓矶。

寄令狐学士

秘殿崔嵬拂彩霓，曹司今在殿东西。

赓歌太液翻黄鹄，从猎陈仓获碧鸡。

晓饮岂知金掌迥，夜吟应讶玉绳低。

钧天虽许人间听，阊阖门多梦自迷。

和友人戏赠二首

其一

东望花楼会不同，西来双燕信休通。

仙人掌冷三霄露，玉女窗虚五夜风。

翠袖自随回雪转，烛房寻类外庭空。

殷勤莫使清香透，牢合金鱼锁桂丛。

其二

迢递青门有几关,柳梢楼角见南山。

明珠可贯须为佩,白璧堪裁且作环。

子夜休歌团扇掩,新正未破剪刀闲。

猿啼鹤怨终年事,未抵熏炉一夕间。

寄令狐郎中

嵩云秦树久离居,双鲤迢迢一纸书。

休问梁园旧宾客,茂陵秋雨病相如。

梦令狐学士

山驿荒凉白竹扉,残灯向晓梦清晖。

右银台路雪三尺,凤诏裁成当直归。

酬令狐郎中见寄

望郎临古郡,佳句洒丹青。

应自丘迟宅,仍过柳恽汀。

封来江渺渺,信去雨冥冥。

句曲闻仙诀,临川得佛经。

朝吟支客枕,夜读漱僧瓶。

不见衔芦雁，空流腐草萤。

土宜悲坎井，天怒识雷霆。

象卉分疆近，蛟涎浸岸腥。

补嬴贪紫桂，负气托青萍。

万里悬离抱，危于讼阁铃。

酬别令狐补阙

惜别夏仍半，回途秋已期。

那脩直谏草，更赋赠行诗。

锦段知无报，青萍肯见疑。

人生有通塞，公等系安危。

警露鹤辞侣，吸风蝉抱枝。

弹冠如不问，又到扫门时。

第四日

李商隐的诗学偶像

天河夜转漂回星

　　结束物理层面纵横两轴的坐标锚定,今天我们回到李商隐这个点。第一天说过,我试图用这场漫谈作为光源,去寻找李商隐的一个影子,这种寻找本是后人不得不做的必修课——李商隐自己,其实也一直在寻找前人的影子。

　　我们能从李商隐的诗里看到他对大量名家作品的学习痕迹。比如,他在律诗中处理属对关系常用的调度手法承自杜甫:李商隐注重画面在宏观和微观间的切换速度,这种切换和流水对式的长镜头视觉习惯不同,它不执着于连续性,相反更近乎在拟合大脑的思维运转。李商隐会通过切换、延展、细目、虚化,去处理一个个画面,再根据词性,用对仗建造起它们间的联系,让表达有能力摆脱线性的叙述惯性,如王安石拈出的"雪岭未归天外使,松州犹驻殿前军"就是如此——这种近似初期电影语言的叙述手法,就是李商隐从杜甫晚年的诗歌里继承下来的。此外,李商隐很多咏史诗在尺度上明显参考了白居易、元稹的怨刺习惯,晚年的禅境诗也曾多次向王维致敬,这些我们后面都会一一说到。不过,今天我想谈到的诗人,在李商隐心中的分量应该比以上几位还都再重一些。他就是李贺。

文学史上常把李白、李贺和李商隐并称为"唐代三李",他们也恰好分别主掌了盛唐、中唐和晚唐三代的浪漫主义诗坛。李贺人称"诗鬼",正和李白的"诗仙"相对:仙、鬼二端都在挣扎,但李白的挣扎是人天之间的,而李贺的挣扎是生死之间的——他的诗总是笼罩在死亡的阴影下,所以被很多人认为鬼气森森。

当代的教材对李贺作品的选定一直很头疼:倘铁了心不选,李贺的地位实在不容忽视;硬着头皮选,一则是调子灰丧,没有正能量,二则是诗到底在讲什么,授课老师也不一定看得懂。大纲对无法给出标准答案的内容往往慎重,毕竟没有答案就意味着无法拿来出题考试,这个知识点在功利的视角看就是无效的。正是这个原因,我们少年时代能在课本里接触到的李贺大多都不是很李贺——《马诗》《李凭箜篌引》其实都不算他的代表作,《雁门太守行》水准虽高,却也不算最能体现李贺取向一路。这些诗之所以入选,更多是因为李贺用题目明确了自己的创作目的,不会让师生在理解上产生太大出入罢了。

今天,我们就走到李商隐的身边,站在他的审美和取向上谈谈李贺的诗。

说诗之前,还是要先简单介绍一下李贺的出身。

李贺的远祖是唐高祖李渊的叔父,所以也算是唐代王室的宗亲。不过,他虽然经常自称"唐诸王孙",杜牧也延用了这个说法为他作序,但看似高贵的身份并没给他家带来任何好处。

他父亲叫李晋肃,是杜甫的远房表弟,互相有过赠答诗。李晋肃死得早,不但自己没当过大官,还无意间断送了儿子的前途:有好事的人认为,李贺应该避讳,不该考进士,因为父亲名叫晋肃,读音相近。为此韩愈曾气愤地质问:难道父亲名字叫仁,儿子还不做人了吗?但李贺终于还是没能获得考进士的资格,继而不得不"曲线救国",通过推荐和恩荫做了个从九品的奉礼郎,干得很不愉快。

李贺的长相比较奇特,《新唐书》说他"细瘦,通眉,长指爪"——李商隐在《李贺小传》里也有相似的描述,说他很瘦,手指很长,而且两条眉毛中间是连着的。面相学讲,通眉的人往往不太听人劝,比较倔强。清代谭嗣同曾有一首自题画像的像赞:"噫!此为谁?锷锷其骨,棱棱其威。李长吉通眉,汝亦通眉",说镜子里这人是谁呀,骨骼分明,不怒自威,眉毛和李长吉一模一样。可见通眉已经是李贺在后世一个重要的形象符号了。

李贺去世时只有二十七岁。他在病中整理好自己的诗稿,共四编二百三十三首,交托给了朋友沈述师。沈一直保存着它们,但多年没有合适的机会刊出,慢慢就将之忘在自己随身的书箱里。

十五年后的某个深夜,沈述师在兄长官邸中酒不寐,翻检旧物时看到这些诗,才再次想起李贺的托付。借着酒劲,他连夜去拜访了时在兄长府上做幕僚、颇有文名的杜牧,请他为自己的老朋友作一篇序。

杜牧拿着诗稿看了几天,推辞说写不了,但最终耐不住沈述师的再三恳求,还是写了。序中除讲明自己见到诗稿的经过,也不可避免地对李贺做出了评价:杜牧说李贺的诗"盖骚之苗裔,理虽不及,辞或过之",属《离骚》一脉,又说它"感怨刺怼,君臣理乱",肯定了诗里讽射时政的一面。之后,杜牧委婉地说:如果李贺能多活几年,不把视野局限在语言——也就是所谓"辞"里打转,而是向"理"上多下功夫,那么胜过《离骚》也是可能的。

这篇序有褒有贬,但多少能看出来,杜牧对李贺的诗风并不是特别欣赏。小杜诗以俊爽轻快、健康矫健著称,他看重诗的气脉、文采、哲思、情感——能禁得住这些准绳衡校的诗,当然要发乎于一个健康而高贵的人之口。但李贺的诗是闪烁的、传接的、变化的、妄想的,他的写作具有一种病态的天才特质,偏偏既不健康,也不高贵。诗学观的差异导致杜牧的这篇序写得非常费力,虽然他最终找到了一个合适的立意,把李贺和《离骚》关联起来,获得了后世很多人的认可,但这一重关联其实也并不算很准确。

楚辞有很强的原始宗教属性。大部分骚体诗都在致力于追求一种人和天之间的沟通。它调度了很多意象去拟合一种高于现实的状态，但这种拟合的根本目的仍是追寻、连接，而不在创造。换句话说，骚体是一种具有表演意味的文体。它的所有表达，都有一个虚空中被创作者坚定相信着的倾诉对象。

但李贺的诗不是。他也擅长调度意象，词汇量也非常丰富，想象力更是一样惊人，但在李贺的创作逻辑中，诗人并不是倾诉者，而是创世者——即使在政治讽喻意味很强的诗歌里也一样。从李贺的诗里，你很难找到对一个高阶世界的相信感或寻觅感，他创作的驱动力是焦虑，而不是敬畏："天若有情天亦老"，他对天没有敬畏；"神君何在，太一安有""我将斩龙足，嚼龙肉"，他对神仙没有敬畏；"刘彻茂陵多滞骨，嬴政梓棺费鲍鱼"，他对帝王也没有敬畏。

李贺经常借鉴神话里的场景，但从不整体取用。宗教体系里那些不容逼视的意象人物对他而言都只是素材，由他这儿截一角，那儿切一段，调度支配，全无顾忌，直到最后搭建出一个属于他自己的新世界来。因此，很多诗人——也包括我在内，站在李贺的诗面前总不免会有点膝盖发软：在他构建的世界里，他当然就具有天然的先手，以及对读者的统治和引导权。

建构世界时，李贺的黏合剂是介质。气、液、固三态的转换来自日益兴盛的道教修炼体系,但能多大程度去利用这种思路去指导创作则因人而异。李白就喜欢用水或烟去传接地点(我们以后还会谈到),而到李贺的手下,他显然已经不再满足于物理空间的瞬移了。

举个例子,如果你翻过中华书局的《李长吉歌诗编年笺注》,可能会有印象第一首诗叫《上之回》——这是汉乐府《铙歌》中的曲名,顾名思义,是皇帝返回京师之意。

这首诗很短:

上之回,大旗喜。悬红云,挞凤尾。
剑匣破,舞蛟龙。蚩尤死,鼓逢逢。
天高庆雷齐堕地,地无惊烟海千里。

诗中共说了三件事:第一,皇帝回朝,旗帜飘展,这是现在;第二,皇帝出征,平叛获胜,这是过去;第三,四海清平,再无战事,这是将来。三个场景间的两次转接,李贺都是在本体和喻体的介质切换中完成了黏合。

第一次的连接点是"悬红云,挞凤尾",李贺用红云和凤尾(旗上插有鸟羽)形容还朝仪仗的旗帜,旋即借喻体之力,把跟拍"上之回"的平视视角切换成了仰视。红云中的凤凰为读者开启了天上场景的新可能性——后句中象征帝王武功、出匣斩杀蚩尤的宝剑,正是用与凤相对的龙来比喻还原的。在被格律诗加固过的类比习惯里,同系名词彼此之间存在黏度,而李贺正是利用了这种黏度,完成了两个时间场景之间的切换。凤舞九天,战龙在野,这是李贺的第一次空际转身。

一首诗里,高手不会倚仗同一招欺人两次。所以第二次切换的转场信号变成了声音。李贺用雷声接住了杀死蚩尤后战鼓的"逢逢"声——而为强调情感的串联,他更造了"庆雷"这样一个词(应脱胎于"庆云")。这声音除了关联画面外,其"堕地"同时也再次切换了视角方向:堕地是自上而下的,被"红云""凤尾"摇到天上的镜头,也即顺理成章地带着动能返回地下,走向结句。

"地无惊烟"是指人间不再有烽火狼烟,"海千里"则意谓四海清平,都暗指战事的平定。但作为压篇之句,李贺的野心当然并不止于交代结局这样简单。他通过雷和烟的呼应,催动读者用想象去攫取更多的感受:九天雷落,却没有在大地上烧到一片草木、腾起一丝烟气,在反常的疑惑中,"海"字给出了答案:地就是海,或者说,桑田已经变成了海。这一层恍惚后,李贺仍不留手:"千里"带着转为横向的视角把画面高速地推远展平,追随水的属性一去不回,走进了时间。

全诗只有三段，前两段各十二个字，第三段十四个字，加起来还没有一首七律的四分之三长。但就在这么狭窄的文字空间里，李贺干净利落地讲明了三件事，切换了两次镜头视角，完成了一次时间插叙，更向读者开放了丰富的感受空间。如此高难度的一套动作，即使不限制篇幅，很多诗人也不一定能圆满完成，而李贺的处理却偏偏举重若轻，以至于大多数读者根本看不清他到底做了什么。这是非常天才的捭阖能力。

除了调度同类意象、串联同类介质，李贺也长于切换感官去配合诗境的创造——这也就是我们常说的通感。比如，"天河夜转漂回星，银浦流云学水声"，把天上的银河比喻成星星在水里漂流，相信你不会觉得新鲜：道教认为天是水汽上行形成的，所以水天相通的想象在系统学习过道教经典的人看来是自然而然的事——如"闲来垂钓碧溪上，忽复乘舟梦日边"，就是借水通天的典型。而李贺的独特，在于完成视觉关联后多走的一步：他说天如水般流转不停，云移动时也发出了流水的声音。云本身并没有声音，所以这种想象不是比喻，纯从听觉上说是无中生有的，但因为它始于视觉形象的迁移，所以这一重赋能格外可信。

李贺的世界，就是这样在向外的联想和向内的切换中渐渐高于真实的。同样的例子，还有"羲和敲日玻璃声"。羲和神敲打太阳，发出敲击玻璃的声音：阳光多彩夺目像玻璃，它的声音也就可以清脆起来;再如"玉轮轧露湿团光":月亮不会和露水实地接触,它的光芒也不可能被打湿,但就在这短短七个字中,李贺轻松地完成了从视觉转为触觉,再从触觉回归视觉的两次互换,构建了一个不可能出现,却又看似十分合理的意象。这个转接有点像老杜著名的"香雾云鬟湿",但比这句还要多一道回弯——类似的例子还有很多,像"无物结同心,烟花不堪剪""斫取青光写楚辞""露压烟啼千万枝""踏天磨刀割紫云"等,不必展开,你当然也看得出来。

李贺的诗歌当然还有很多长处,我今天只是从可能对李商隐产生影响的方面,举出了相对明显的几个特征,绝不全面——但即使只是这样的点到为止,我们也可以据此说:无论从感知力还是创造力看,李贺都是个天才。他的天才特质比之前的李白、之后的李商隐都要明显,但当然,他也为此背负了太多的痛苦。

天才的另一种显相是病态。他们的大脑长期处在常人很难理解的疲劳状态中,因为他们的思维总会快于他们的语言甚至记忆。为了抓住这些近乎失控,但又似乎能得到的东西,他们需要拼尽全力去学习表达,并且找到最合适的途径——梵高选择的是画笔,而李贺选择的是诗。

我们不能讳言:李商隐在语言方面虽然可谓具有很高的悟性,但他仍不是李贺这样的天才。他的作品几乎从不曾显示出天才无法避免的狼狈感；天才很难与世俗定义里的完成度共存，但李商隐可以，这也是他的诗歌评价通常高于李贺的原因。李商隐聪明，但他的一切成就离不开勤奋。凡夫俗子的世界，需要的也正是这样的人：他们谦逊、努力，看得到天才的高处，耐下心去揣摩他们拼尽全力抓住的画面和觉知，更能通过不断的模仿、练习、发散，最终把它走成一条常人也能走得通的路。

作为李贺的学习者，看到偶像诗集的序被别人写了，李商隐无疑有一些情绪。为了显示自己更懂李贺，他另写了一篇《李贺小传》，隐隐有和杜牧的诗序较量的意思。这篇小传里记录了两个故事，据说都是他从李贺的姐姐那里听来的。

第一个故事我们都很熟悉：说李贺写诗往往是骑着驴、背着锦囊，晨起出门，日落而归，想到好句子就写下来收在锦囊里。晚上回家吃过饭，李贺就会开始整理白天的诗句，能成诗的就把它完成，存进另一个锦囊——母亲每次看到锦囊里字条太多都要心疼，说我儿子真是要把心都呕出来了。

这个故事我认为大概率是真的。因为李贺虽然擅长粘连，但他诗的原材料确实更近似许多断续零乱的片段组，如佛家常说的幽光狂慧，不像是事前做过整体构思，再对着蓝图一句句写出来的。李商隐之所以会把这个故事记下来，一方面，是和我一样认可了它的可信度；另一方面，也是因为他尊重李贺这种呕心沥血的创作态度。和杜牧所肯定的"感怨刺怼,君臣理乱"不同,李商隐更看重的,是李贺对灵感的处理方式,这一层认可剔除了情感内容、人文背景,而是只关乎诗本身。

  第二个故事则比较玄幻。李商隐说李贺将死时看到了一个骑着赤虬的红衣人,说天帝的白玉楼修好了,请他去作一篇文章,并笑着鼓励他说"天上差乐,不苦也",但李贺的反应是"长吉独泣":得知消息后,他一直在哭,直到死在当夜。为此李商隐感慨说:这样的奇才人间少,天上看来也不多。世人傲慢,一直没能给予他合理的重视,难道都是自信眼光比上天还要好吗?

  这个故事不同于前一个。它的传奇性很强,理性的人都知道不会是真事,但李商隐偏偏在小传里认认真真把它记录了下来。一方面,羡慕李贺的洒脱,连上天的看重都不在意;另一方面,他也是希望用一个神话结局给偶像的一生留下一个光明的尾音。

  李商隐一生都在向李贺学习和致敬,而从表象上看来,前期作品呈现得更为明显。青少年时,李商隐主要依靠吸取李贺常用的意象进行仿写式创作。比如,"白杨别屋鬼迷人,空留暗记如蚕纸""粉蛾粘死屏风上""香桃如瘦骨"等,但效果并不太好,钱锺书认为都是"酸肌刺骨之语",换句话说,这些句子追求的是一种相对低级的感官刺激。在这个阶段,李商隐学的是肉而不是骨,但李贺的作品最可学的部分在关节,即要如何支配这些内容。

但到后期，纯从完成度来看，李商隐的作品就渐渐超越了李贺。李贺的诗歌一直在探索和拼抢，处于博下一城是一城的状态，而李商隐就没有这种紧迫感。随着年龄增长，他越来越沉稳，能从从容容地布局和构思，用完成一件好作品的态度去对待他的每一首诗。通过不断的练习和实验，李商隐对李贺的手法掌握得日渐纯熟。他把李贺用介质来操控意象、重构时间的手法用进了他最擅长的七律中——我们知道近体诗的空间是绝对确定的，没办法依赖任何句法变化的加成自我调整，所以也最怕有一说一的表达习惯。而李贺这种穿越在光、影、声、色里，飘摇不定而虚实莫测的手法，却恰好能把近体诗的叙事节奏带活。这种好处，我相信你能从李商隐的很多《无题》诗里看到。那些模棱恍惚的诗歌，也是李商隐沿用李贺的技术搭建的小世界——仿佛黄蓉的乱石阵和程英的土阵，见天资高下之别，但毕竟一体同源，也都能阻挡外人进入。只不过，李贺的搭建是基于他对诗歌的主宰欲望，而李商隐则只是单纯想造一间茅屋去安放自己的情感罢了。当然，李商隐也没有放弃在李贺的主场——七言古体诗上向偶像致敬。比如，他的《燕台四首》，不但在句法和表达上传承了李贺的美感，在组诗的时间序列和篇章安排上，也很大程度上借鉴了李贺的十二月乐词（我以后会单拿出一天聊聊这四首诗）。

总之，这就是李商隐对待前人的态度。他一直在用自己勤奋而绵密的努力，把李贺天才式散乱的一些亮点串联成了一套可学的方法论，并且最终达到了比李贺更能完整自洽的水平。

我们写诗，对浪漫主义诗人避不开的一个讨论角度是意象。在这个合成词里，李贺的所长在于象，李商隐的所长在于意。李贺的诗是创世型的，故而格外目中无人，而李商隐却是连接天人的一道桥梁。作为向往灵光的凡人，我们每个人，都应该感谢李商隐的存在。

毕竟，是他用影子留住了光。

明天见。

附

李贺集序

杜牧

太和五年十月中,半夜时,舍外有疾呼传缄书者,牧曰:"必有异,亟取火来!"及发之,果集贤学士沈公子明书一通,曰:"我亡友李贺,元和中,义爱甚厚,日夕相与起居饮食。贺且死,尝授我平生所著歌诗,离为四编,凡二百三十三首。数年来东西南北,良为已失去;今夕醉解,不复得寐,即阅理箧帙,忽得贺诗前所授我者。思理往事,凡与贺话言嬉游,一处所,一物候,一日一夕,一觞一饭,显显然无有忘弃者,不觉出涕。贺复无家室子弟,得以给养恤问。尝恨想其人咏味其言止矣!子厚于我,与我为贺序,尽道其所来由,亦少解我意。"牧其夕不果以书道不可,明日就公谢,且曰:"世谓贺才绝出于前。"让居数日,牧深推公曰:"公于诗为深妙奇博,且复尽知贺之得失短长。今实叙贺不让,必不能当公意,如何?"复就谢,极道所不敢叙贺。公曰:"子固若是,是当慢我。"牧因不敢复辞,勉为贺叙,终甚惭。

贺,唐皇诸孙,字长吉。元和中,韩吏部亦颇道其歌诗。云烟绵联,不足为其态也;水之迢迢,不足为其情也;

春之盎盎，不足为其和也；秋之明洁，不足为其格也；风樯阵马，不足为其勇也；瓦棺篆鼎，不足为其古也；时花美女，不足为其色也；荒国陊殿，梗莽丘垄，不足为其恨怨悲愁也；牛鬼蛇神，不足为其虚荒诞幻也。盖骚之苗裔，理虽不及，辞或过之。骚有感怨刺怼，言及君臣理乱，时有以激发人意。乃贺所为，得无有是？贺能探寻前事，所以深叹恨古今未尝经道者，如《金铜仙人辞汉歌》《补梁庾肩吾宫体谣》。求取情状，离绝远去笔墨畦径间，亦殊不能知。贺生二十七年死矣！世皆曰：使贺且未死，少加以理，奴仆命骚可也。贺死后凡十有五年，京兆杜牧为其叙。

李贺小传

李商隐

京兆杜牧为李长吉集叙,状长吉之奇甚尽,世传之。长吉姊嫁王氏者,语长吉之事尤备。

长吉细瘦,通眉,长指爪,能苦吟疾书。最先为昌黎韩愈所知。所与游者,王参元、杨敬之、权璩、崔植辈为密,每旦日出与诸公游,未尝得题然后为诗,如他人思量牵合,以及程限为意。恒从小奚奴,骑距驴,背一古破锦囊,遇有所得,即书投囊中。及暮归,太夫人使婢受囊出之,见所书多。辄曰:"是儿要当呕出心乃已尔。"上灯,与食。长吉从婢取书,研墨叠纸足成之,投他囊中。非大醉及吊丧日率如此,过亦不复省。王、杨辈时复来探取写去。长吉往往独骑往还京、洛,所至或时有著,随弃之,故沈子明家所余四卷而已。

长吉将死时,忽昼见一绯衣人,驾赤虬,持一板,书若太古篆或霹雳石文者,云当召长吉。长吉了不能读,欻下榻叩头,言:"阿𡥉老且病,贺不愿去。"绯衣人笑曰:"帝成白玉楼,立召君为记。天上差乐,不苦也。"长吉独泣,边人尽见之。少之,长吉气绝。常所居窗中,勃勃有烟气,闻行车嘈管之声。太夫人急止人哭,待之如炊五斗黍许时,长吉竟死。王氏姊非能造作谓长吉者,实所见如此。

呜呼,天苍苍而高也,上果有帝耶?帝果有苑囿、宫室、观阁之玩耶?苟信然,则天之高邈,帝之尊严,亦宜有人物文采愈此世者,何独眷眷于长吉而使其不寿耶?噫,又岂世所谓才而奇者,不独地上少,即天上亦不多耶?长吉生二十七年,位不过奉礼太常,时人亦多排摈毁斥之,又岂才而奇者,帝独重之,而人反不重耶?又岂人见会胜帝耶?

第五日

李商隐的感情

偷桃窃药事难兼

前两天,我们谈到了几位中晚唐诗人,并且结合他们的作品侧写了李商隐的诗歌取向。那么今明两天,我们就从外堂走入内庭,简单说说李商隐的感情线。

我们谈论他的爱情,并不是为了八卦和窥私。对李商隐而言,爱情悲剧是他诗歌风格的成因,任何人都无法绕过这个话题去看他的诗。李商隐写过很多有名的爱情诗,情绪万端,不易名状:就中有不可得的相思,有不可再的追悔,有平淡愉悦的相处,也有痛彻心扉的悼亡,因其中有近一半诗作都没有明确的寄托归属,所以也产生了非常多的解读分歧。或许有些涉及社交人际乃至政治讽喻的诗是假托爱情的面目出现的,但剥离这些因素后,爱情仍是李商隐诗歌重要的组成部分。因此,了解李商隐的感情经历对理解他的诗歌是有好处的。

之所以我要分作两天谈,原因在于李商隐最重要的两段感情在诗歌里呈现的质地完全不同:一段非常虚无,我们只能确认它存在，却握不到任何证据；另一段又无比清晰，从开始到结果，都真实且完整，不容人怀疑——你大概猜到了，第一段是青年学道期间对一名女性修道者产生的朦胧情愫，第二段则是与王茂元小女儿的婚姻。王氏的故事脉络相对清晰，我们明天再谈，今天我打算聊聊他神秘的第一段感情。此前不得不强调的是，我们和李商隐中间隔着一千多年的历史，而爱情更属于他的私人空间，所以这本身是个没有真相的主题。我没有能力对他的爱情进行复盘和解释，我所能做到的，只是根据李商隐的诗歌本身，试图画出我看到的一些轮廓。希望在这个过程中，你能感受到读这类诗的另一种思路。

现在，我们回到故事发生的大致时点。

前面介绍过，令狐楚很早就开始鼓励李商隐去参加科举。只是李商隐没有背景，考运不佳，先后两次落第。此后，他曾有过一段学道的经历。

李商隐经常在咏史诗里批评皇帝修仙学道不切实际，他对长生与飞升长期持悲观态度，所以李商隐的学道与宗教信仰关系也不大，更可能是另有目的——玄宗朝起，道教渐受尊崇，各地立老君庙、开玄学堂，道院也有了推举学成士人进京赴考的资格，这就是道举。考场两度受挫后，李商隐认识到长安权贵遍地，没人举荐的难处。他去学道，大概是希望多认识些人，进而通过道举迁回走上仕途。

因为道举要考道教五经（《阴符经》《道德经》《南华经》《黄庭经》《文始真经》）。李商隐认真而系统地研读了道家经典。我国道教渊源流长，经过历朝的想象塑造，形成了诸多很美的人事典故。李商隐对求仙虽不多么执着，但在学习过程中，他对道教审美的认同与日俱增。这个认同外化的结果，就是道教的元素与意象渐渐融入他的诗歌创作。

在李商隐的作品中，道教气质相对浓烈的多属情诗——或者至少可以说，看上去像情诗，大部分学者据此推断这些诗的本事也出于学道经历。通过整理文本，学者们发现学道期间，李商隐指名道姓提过的女性学道者只有宋华阳，也便理所当然地把目光锁定在了这个女道士身上。随着推论的逐步完备，学界形成的通行看法是李商隐学道时与宋华阳相恋，却又不能在一起，也无法宣之于口，只得以朦胧绮语自志。有了这个底层逻辑，学者们进一步调动想象力，开始基于诗歌文本去丰富故事线：比如，有人从《碧城》第三首里的"玉轮顾兔初生魄"展开联想，称"顾兔"出自"夜光何德，死则又育；厥利维何，而顾兔在腹"，李商隐之所以选择这个典故，是在暗指宋华阳怀孕了。这个脑洞打开后，许多诗歌便进一步都被牵连进来（如有释《药转》"换骨神方上药通"句为女道士夜中以药堕胎），此后更衍生出当权者如何震怒、女道士如何结局惨淡、李商隐如何因争取不得黯然下山等情节……我们也不必展开细说——之所以要谈到这些推论,是想提醒你,这实则是李商隐诗歌多解性的一种呈现。

他当然不愿被后人这样无下限地编排私生活,但从另一个角度看,能用锁定的诗歌文本催生出无数种完全不同方向的猜测,却是李商隐一直在主动追求的创作效果。

了解了这些脑洞的由来,现在我们就摆脱它们,亲身跟着文本走一趟,看看宋华阳和李商隐的关系到底能够落到什么层面吧——要先声明的是,后面一切推论都不是学术共识,我只是用自己读诗的方法打个小样,希望这个过程对你能有所启发。

李商隐学道期间流传下来的诗很多,但真正提到宋华阳这个名字的其实只有两首,也不都是情诗。我们先看第一首《赠华阳宋真人兼寄清都刘先生》。从题目看,除宋华阳,还有另一位收件人——清都刘先生。

以内容论,这首诗很有分寸,甚至近乎客套,正正经经,没有什么体己话。"沦谪千年别帝宸,至今犹谢蕊珠人",这是交代受赠者的来处,说宋真人是从宫苑里被贬下来的,且不愿重见官里的故人。颔联"但惊茅许同仙籍,不道刘卢是世亲",这是同时对题目中的两个人说的:我原只知道你们都在修道,却不知还有亲旧关系。可能李商隐是在不同场合分别认识这两个人的,这次和宋真人聊起才知他们竟是亲戚,所以引发了这样的感触。"玉检赐书迷凤篆,金华归驾冷龙鳞",意为修道者看到天宫记录仙籍的玉牒,一时想不起自己的来处,也看不到自己的去处,没有办法回到天上了。尾句"不因杖屦逢周史,徐甲何曾有此身"则是个道教典故,说老子的仆人徐甲向他讨工钱,老子却告诉他:你本是一堆枯骨,保持现在的状态原是我一张太玄符之功,说罢将符取走,徐甲立刻就变成了白骨。意思是说真幻无常,所以有无本来也没有多少重要。

逐句看完会发现,这首诗并没在写爱情。它交代了人物关系,赞美了对方的修为,最终回到了有无生灭的思考,内容上更像是道友间的交流和酬答。事实上,这个"华阳宋真人"和后一首的宋华阳究竟是否为同一个人尚未可知,毕竟住在华阳一带或得道华阳洞的人,只要姓宋,就都可以这样称呼。即使二者真的是同一个人,从语气推断,第一首诗的创作时间大概率也在两人发生情愫之前。所以,李商隐的诗里,我们真正可以和他学道期间的爱情关联起来的,实际上只有第二首一篇,这首诗题目为《月夜重寄宋华阳姊妹》。

我们来看看这首诗。

首先,说是重寄,当然就有前一次。但刚刚我们说到的那首诗兼寄的是一位男性道友刘先生,而不是某位姊妹,所以真正的第一次寄诗应该已经遗失了。

我们尚能见到的重寄诗是这样写的：

偷桃窃药事难兼，十二城中锁彩蟾。
应共三英同夜赏，玉楼仍是水精帘。

如果对李商隐的诗歌比较熟悉，那么从这首诗中你当能察觉很多熟面孔。我们一句句来看：

第一句，"偷桃窃药事难兼"。偷桃本是东方朔的故事，《汉武帝内传》里说，西王母的仙桃三千年一熟，东方朔曾三次去偷桃子，后来被贬谪到了人间。李商隐有一首《曼倩辞》谓"十八年来堕世间，瑶池归梦碧桃闲。如何汉殿穿针夜，又向窗中觑阿环"，阿环是西王母的小女儿上元夫人，由是可见，在李商隐的理解和诠释中，东方朔偷桃并不完全是仙人异行，只是描述了这样一个故事：一个男子几千年来一直暗中关注着一位比他地位高、修行深的女仙，并且想了无数办法去偷看她——所以偷桃，实际写的是不能忘情。而窃药呢？"嫦娥应悔偷灵药，碧海青天夜夜心"，嫦娥放弃情爱，一心成仙，则是勇于忘情。最后下一"事难兼"的评语，也即说忘或不忘都很难了。

第二句，"十二城中锁彩蟾"。"十二城"与尾句"玉楼"

都指天上宫殿，李白有"天上白玉京，十二楼五城"也用此意。"彩蟾"则是月宫，也就是蟾宫——天宫本就高不可攀，蟾宫又在天宫内庭，深深闭锁，可见两人身份有别，见面极为不易。

很多年后，李商隐从桂林幕府返回长安途中，在巴峡一带与朋友聊起往事时，写过一首《天水闲话旧事》，里面有一句"月姊曾逢下彩蟾，倾城消息隔重帘"，其中"彩蟾"与此诗便属同义，说月中仙子走出蟾宫时，自己曾见过她一面，或指意中人离开清修地时两个人定情的旧事。下一句"倾城消息隔重帘"和这首《月夜重寄宋华阳姊妹》的尾句"玉楼仍是水精帘"相关性也很高。据此我们或能推知，李商隐多年后与朋友闲话的旧事，大致和重寄宋华阳之诗同出一源，所推究的也正是同一段感情。

之所以要考索两首诗的关联，是因为《天水闲话旧事》的创作时间比较晚，所以它交代了这段故事的结局。诗后半说："暮雨自归山悄悄，秋河不动夜厌厌。王昌且在墙东住，未必金堂得免嫌。""暮雨自归"，短暂的欢好结束了，仙子回到天上了；"秋河不动"，是说时间不再流动，事情也不再有新的可能。"墙东王昌"是唐代诗人经常引用的典故，出自南北朝的《河中之水歌》。原诗前半段写一个美丽能干的女子莫愁嫁到卢家，次年生了个男孩子，享尽了人间的富贵安稳——一系列华美的渲染之后，篇尾却幡然扫回："人生富贵何所望，恨不嫁与东家王"。这个"东家王",指的就是墙东王昌。人间最平顺的女孩子看到他,心里突然有了缺口。诗中"金堂"通常作"郁金堂",本出《河中之水歌》的"卢家兰室桂为梁,中有郁金苏合香",至唐代沈佺期时则生发成了"卢家少妇郁金堂":女孩子嫁到卢家才有机会见到王昌,但也正是因为嫁到卢家,她永远失去了和王昌在一起的可能。《天水闲话旧事》尾联的语气是夹杂着后悔和酸楚的。不难看出,由于没有在一起的希望,两个人出于避嫌最终分开了——如我们所知,李商隐放弃了道举,下山去参加科举考试了。

这段感情从开始到结束,都是隔着帘、隔着墙的。在重寄宋华阳诗后两句中,我们也能感受到这种无法触碰的绝望。"应共三英同夜赏,玉楼仍是水精帘","三英"指金、银、汞三种矿物质,是道教修仙用以炼丹的。葛洪曾将天下药物分为三等,下等为草木,中等为矿物,上等为金银玉石,即炼丹所用。丹炉中,所谓三英质地与月光相似,都是莹柔流动的。这两句诗是说凡人想飞升到月宫与意中人相会,只能寄希望于炼丹服食成仙。深夜里,炉中的丹药与天上的明月都在发光,但人天有别,他们永远隔着一重水精帘,而无法通传消息。这种相望不能相语的感觉,就是李商隐和宋华阳这段爱情的主基调。

说到这里,倘若你对文本够熟,我们还能接着串联。

沿着《天水闲话旧事》里的"月姊",不难走到李商隐《圣女祠》里的"星娥一去后,月姊更来无",随即你会发现这首诗也用到了东方朔偷桃的典故——"惟应碧桃下,方朔是狂夫"。当我们用这两个典故把圣女祠锁定到宋华阳身上,就会对其随公主入道的侍女这重身份产生怀疑。

《圣女祠》中有 "寡鹄迷苍壑,羁凰怨翠梧",其中寡鹄和羁凰本意都指死了丈夫的寡居女子——白居易就有句诗谓"暗镜对孤鸾,哀弦留寡鹄"。结合李商隐《燕台》四首中"冬篇"的"雌凤孤飞女龙寡""桃叶桃根双姊妹",我们也可以猜测,所谓的宋华阳姊妹,更可能是以年轻寡妇的身份入道的——且是妾侍,并非正妻。

从这首《圣女祠》,我们又可以延伸到另一首《重过圣女祠》:跟着诗中的"萼绿华来无定所",你当然又会想到《无题》二首里的"闻道阊门萼绿华,昔年相望抵天涯。岂知一夜秦楼客,偷看吴王苑内花"。"相望抵天涯"与"倾城消息隔重帷"情绪相类,都指可望而不可即,那么从"吴王苑内花"我们是不是可以进一步推测,宋华阳姊妹或许是被先皇宠幸过的宫女,因为皇帝驾崩而失去依靠,不得不自请修道来求生存呢?而有了这首诗,与它同一组的"昨夜星辰昨夜风"也就一起被绑进来了——当然,从"嗟余听鼓应官去"我们知道,这两首诗并不写于他的热恋期,倒更可能是李商隐多年之后中举得官,在某个宴会上想起宋华阳时所作。

好了,再说下去,一本诗集会无穷无尽勾连下去,时间有限,我暂时就停在这里。我无意给出一个答案或者八卦方向,你也不用执着于刚才这些解读的真假。我能说的只是,对于大部分创作者而言,写到所爱的人、不能忘的事时,他们在选取意象时往往很难避免自己独有的记忆洁癖。一个既定的意象密码会变成一个机关,并在每次重启创作时高效地激发诗人的同一个痛点,从而带他迅速地回到当时状态——这是他和自己的诗歌之间的独特默契。故而当对一个诗人常用的意象组群足够熟悉,你就能在再次阅读时找到一些专属于他的"敏感区"。散乱的诗,在你眼里会慢慢连成串,形成脉络——这就是以诗证史的初级思路。

当然你所获得的这个串不一定绝对正确,也可以说一定不是,但只要它能自圆其说,不断在新的证据卷进来时自我优化和迭代,我们总能越来越接近事情本身的轮廓。这个影子的轮廓线,正是我们和李商隐的重叠外沿。

说得太远了,我们且回过头总结一下吧:李商隐早期的这段情感搭建在道教的意象上,而我们若以《月夜重寄宋华阳姊妹》为蓝本,不断进行意象的推导和关联,则确实可以获得一段感情的轮廓。我们可以看到,他与意中女子身份有别,生活区域也不同。他们在某次偶然见面时定了情,但最终没能在一起。李商隐对这段感情始终念念不忘,时隔多年,还是常常追忆——他常用东方朔偷桃的典故去描述这段情事,也一定程度上可以拟合出李商隐对这位女郎的态度。

出于对李商隐情感来源的好奇,我们不得不用这种方式来一层层拨开迷雾、制造联系。不同学者对同样的典故会有不同的解码方式,而在一个可能性的分支上走入分歧,最终的迭代关联就会通向不同的结果。我们没有办法保证自己的每一条分岔路都能准确地命中李商隐的来处,所以从概率上讲,我们可能永远没办法获得那个真相。

但我认为,探索李商隐的恋人是不是宋华阳,她的身份是公主的侍从、人间的娼妓,还是先帝的宫女,她有没有和李商隐发生实际关系,后续又有没有堕胎,等等,对我们理解李商隐写给她的诗并不重要。对非当事人而言,诗的意义本就是解决读者的需要——美学需要也好,情感需要也好,当李商隐彻底放弃了解释的权力,他的诗此后的成长就都属于读者了。所以,他的诗有多美,能对你产生多大的震动或效用,最终还是取决于你自己的能力。

未来我会通过一些具体的诗歌,更全面地展示我的解读方法——希望也可以让你看清自己的需要,想明白你想怎样去解读李商隐的诗歌。

明天见。

附

碧 城

其一

碧城十二曲阑干,犀辟尘埃玉辟寒。

阆苑有书多附鹤,女床无树不栖鸾。

星沉海底当窗见,雨过河源隔座看。

若是晓珠明又定,一生长对水晶盘。

其二

对影闻声已可怜,玉池荷叶正田田。

不逢萧史休回首,莫见洪崖又拍肩。

紫凤放娇衔楚佩,赤鳞狂舞拨湘弦。

鄂君怅望舟中夜,绣被焚香独自眠。

其三

七夕来时先有期,洞房帘箔至今垂。

玉轮顾兔初生魄,铁网珊瑚未有枝。

检与神方教驻景,收将凤纸写相思。

武皇内传分明在,莫道人间总不知。

药 转

郁金堂北画楼东,换骨神方上药通。

露气暗连青桂苑,风声偏猎紫兰丛。

长筹未必输孙皓，香枣何劳问石崇。

忆事怀人兼得句，翠衾归卧绣帘中。

楚 宫

其一

十二峰前落照微，高唐宫暗坐迷归。

朝云暮雨长相接，犹自君王恨见稀。

其二（一作《天水闲话旧事》）

月姊曾逢下彩蟾，倾城消息隔重帘。

已闻佩响知腰细，更辨弦声觉指纤。

暮雨自归山悄悄，秋河不动夜厌厌。

王昌且在墙东住，未必金堂得免嫌。

圣女祠

松篁台殿蕙香帏，龙护瑶窗凤掩扉。

无质易迷三里雾，不寒长著五铢衣。

人间岂有崔罗什，天上应无刘武威。

寄问钗头双白燕，每朝珠馆几时归。

圣女祠

杳霭逢仙迹，苍茫滞客途。

何年归碧落，此路向皇都。

消息期青雀，逢迎异紫姑。

肠回楚国梦，心断汉宫巫。

从骑裁寒竹，行车荫白榆。

星娥一去后，月姊更来无。

寡鹄迷苍壑，羁凰怨翠梧。

惟应碧桃下，方朔是狂夫。

重过圣女祠

白石岩扉碧藓滋，上清沦谪得归迟。

一春梦雨常飘瓦，尽日灵风不满旗。

萼绿华来无定所，杜兰香去未移时。

玉郎会此通仙籍，忆向天阶问紫芝。

无 题

其一

昨夜星辰昨夜风，画楼西畔桂堂东。

身无彩凤双飞翼，心有灵犀一点通。

隔座送钩春酒暖,分曹射覆蜡灯红。

嗟余听鼓应官去,走马兰台类转蓬。

其二

闻道阊门萼绿华,昔年相望抵天涯。

岂知一夜秦楼客,偷看吴王苑内花。

又附　河中之水歌

河中之水向东流,洛阳女儿名莫愁。

莫愁十三能织绮,十四采桑南陌头。

十五嫁于卢家妇,十六生儿字阿侯。

卢家兰室桂为梁,中有郁金苏合香。

头上金钗十二行,足下丝履五文章。

珊瑚挂镜烂生光,平头奴子擎履箱。

人生富贵何所望,恨不嫁与东家王。

第六日

李商隐的婚姻

帘外辛夷定已开

昨天,我们以诗为底本,对李商隐婚前那段朦胧不真切的感情轮廓做了个简单推演。那么,今天我们落到实处,去看看李商隐感情的归途,也就是他的婚姻。

从一个冷知识进入今天的主题吧。和王茂元家这次结姻,可能并不是李商隐的第一次婚姻。证据来自李商隐的一篇祭文——那是他写给夭折的小侄女寄寄的。文中有这样一句话:"况吾别娶已来,胤绪未立。犹子之义,倍切他人",意思很明白:我看待你好像自己的孩子一样,因为我还没有子女,所以这份心思比别的叔伯还要重得多。字里行间看得出李商隐对寄寄的疼爱,但这句话引起后人关注的是前面"别娶"两个字。它意味着写这篇祭文时,时年三十五岁的李商隐已经是第二次娶妻。

祭文的倾诉对象是死者,最无须隐瞒矫饰。李商隐既然这样写,那么可见寄寄乃至她的父母,也就是李商隐的堂兄嫂,都知道他之前的婚史。

李商隐中进士时已经二十六岁。在家族一脉四代早夭的阴影笼罩下，拖到这个年纪还没有结婚的可能性实则微乎其微——出人头地固然重要，但娶妻生子、接续香火才更该是第一位的任务。但除了"别娶"这个孤证，他的第一次婚姻没有在历史上留下任何信息，我们只能按照常理推断，一介布衣时，李商隐有过一次短暂的婚姻。原配妻子还没能生下孩子，就或是早早病逝，或是因为其他原因和他分手了。在唐朝，妻子以家境不好为由主张离异的情况并不少见，我个人也倾向离异的可能性要大于病逝。原因很简单：连对宋华阳他都无法做到封笔不致，若前妻真是病逝，以李商隐的性格是不太可能只字不提的。诗文集里这样的空白，反而好像是刻意在回避什么。

没有文本，所有推测就都只能停留在仰望状态，从而失去落脚点。我们谈论的基础是诗歌，所以我今天打算着重和你聊的还是他和王茂元家的这次婚姻。

李商隐和王茂元结识在他登科之后。唐文宗开成二年（837年），吏部发榜，李商隐终于高中。依照惯例，上巳节这天，他要盛装骏马，与同科众多新进士齐聚曲江池畔，参加长安城春日里规格最高的一场盛会——曲江宴。皇帝、后宫乃至大多公卿王族都会出席，很多家有适龄女儿的大臣也会借机来挑选快婿，巩固自家在朝堂上的政治势力，时任泾原节度使的王茂元就是其中一个。

甘露之变后,朝中局势尚未彻底明朗。王茂元官位虽不低,但处境很尴尬。此前他依靠唐文宗的宠臣宦官郑注的推荐当上泾原节度使,甘露之变中郑注政治投机失败被杀,家财颇丰的王茂元也随即成了宦官们的俎上鱼肉。为了不受牵连,他不得不花重金去贿赂宦官,才没被划入郑注一党连坐。

失去靠山的王茂元急需找到另一棵或另几棵大树,以求重新立稳脚跟。在这个时点,以联姻的方式笼络朝中新贵,对他而言是再正常不过的布局。站在王茂元的视角来看,令狐家力推的李商隐年纪不大,很有才华,前途可期,又不至于引起当权的宦官们的警惕,是个很好的笼络对象。于是,他很快向李商隐露出了许婚的意思——证据在李商隐写给同科进士韩瞻的几首诗里。

韩、李二人关系一直很好,"桐花万里关山路,雏凤清于老凤声"(李商隐《韩冬郎即席为诗相送》)就是写给韩瞻的儿子韩偓的。王茂元女儿很多,韩瞻也是曲江宴上被他选中的女婿之一。王茂元抛出橄榄枝后,韩家随即议亲下聘,很快完成六礼,顺利结婚,但李商隐这边不知为什么,进展没有那么顺利。于是带着一点投石问路的想法,李商隐写了一首《韩同年新居饯韩西迎家室戏赠》寄给韩瞻:

> 籍籍征西万户侯，新缘贵婿起朱楼。
> 一名我漫居先甲，千骑君翻在上头。
> 云路招邀回彩凤，天河迢递笑牵牛。
> 南朝禁脔无人近，瘦尽琼枝咏四愁。

意思很好懂，因为李商隐没有用手段去遮掩本意。诗前四句说：王茂元征西武将，赫赫大名，却对女儿的婚事如此上心，特地为你这位东床快婿建了新家。可叹我虽考试名次比你靠前，倒是你的终身和前途先定下来了——流露出很浓的羡慕意味。

诗的通篇字面都很雅顺，只"南朝禁脔"可能会让一些读者稍觉不妥。"禁脔"指的是皇家专享的美味的肉，源出东晋一典：孝武帝为女儿晋陵公主选婿时看中了谢混，但未及公主出嫁，孝武帝就已驾崩，婚事也就因国丧耽搁了下来。有个叫袁山松的人很欣赏谢混，想在公主守制期间先一步把女儿嫁给他，大臣王珣闻讯后，对袁山松说了一句"卿莫近禁脔"，最终打消了他的觊觎。

这个看上去不太美观的典故，其实才是李商隐写这首诗的真正目的。顺着它往回看颈联，诗的叙述走向很明显：前句"云路招邀回彩凤"，说韩瞻鹏程云路，喜结连理；后句笔锋一转，则感叹自己与意中人银河两隔，不能见面。继而我们不难感受到"南朝禁脔无人近"的焦虑："我也已经被王茂元许婚，不会再有别人来说媒了"——结合后面"瘦尽琼枝咏四愁",则更易见其望穿秋水之态:琼枝本有寄赠求偶的意思(离骚中有"溘吾游此春宫兮,折琼枝以继佩"),而结合张衡《四愁诗》中绵密复沓的"我所思兮""美人赠我""何以报之",就更明显地表达了自己会知恩图报、绝不辜负对方青睐的态度。

这首诗表面上是写给韩瞻的,但可以看作是他对王家的再次表态与承诺。李商隐对结亲王家的意愿非常坚决,一方面可能如"南朝禁脔"暗示的,王茂元想招他为快婿的消息已经传出,他没有退路了;另一方面我们也可以善意地推测,他或许在曲江宴上见过王家的小女儿并爱上了她,所以迫切地期待能早些完婚。

这首诗寄出后大概没有收到什么效果,不久之后,李商隐又给韩瞻补寄了《寄恼韩同年二首》——之前是"戏"赠,现在已经是"恼"了,这也可以看出等待中李商隐的心态变化。

第一首比较有名:

帘外辛夷定已开,开时莫放艳阳回。
年华若到经风雨,便是胡僧话劫灰。

诗的大意是好时光不容等待,寄诗祝福韩瞻的同时,李商隐也不避讳自己对来日风雨的担忧。其中的"辛夷"则是个谐音梗:

"辛"谐音新旧的"新","夷"谐音小姨子的"姨",一语双关,用意当然是催韩瞻帮自己再盯一盯这件事。

而第二首的意思表达得就更迫切,也更清楚了:

龙山晴雪凤楼霞,洞里迷人有几家。
我为伤春心自醉,不劳君劝石榴花。

龙山凤楼、洞里迷人都是萧史的典故,而到后两句,意思就转入了自伤:年华将逝,本已经很悲哀,你也不必再劝我饮酒了。

武则天曾封石榴为"多籽丽人",这里的石榴指的是一种包含着早生贵子寓意的美酒,显然意为李商隐对婚姻的盼望——花开到石榴则已入夏,与上一句的"伤春"就也衔接得很流畅。

说到这里顺便多说两句:李商隐《无题》中有句"曾是寂寥金烬暗,断无消息石榴红"("石榴红"即红色的石榴酒),情感底色和这首写给韩瞻的诗很相近——主人公一杯一杯自饮,等待着远方的消息,但总也没有消息,结合后面"斑骓只系垂杨岸,何处西南任好风"看,观望和期待的态度呼之欲出。不同之处在于,这首《无题》的陈述视角是女性化的,一定程度上可以理解为李商隐对爱人镜像式的投射和想象,后面谈到《无题》时我们再细说,而今天只要看到李商隐对这段婚姻预期非常高,并有过一段为之坐立不安的等待期就够了。

当然,等待的结果还是好的。跟王茂元去泾原当了一段幕僚后,李商隐终于顺利地与王家小女儿完婚了。他和妻子非常恩爱。某次新婚小别后,李商隐曾写过这样一首诗寄回家中:"东南一望日中乌,欲逐羲和去得无。且向秦楼棠树下,每朝先觅照罗敷。"说真想跟着太阳神的车驾回到妻子身边,每天最早一个照映到她脸上——思恋之情毫不遮掩,非常缠绵。

在岳父幕府做了两年幕僚后,李商隐再次回长安参加吏部的书判拔萃科考试并顺利考中。他被任命为秘书省校书郎,虽然品级不高,只是正九品上阶,但这个起点很好。一旦翰林缺员补选,秘书省校书郎近水楼台,而入选翰林就是天子近臣,后续前途当然也就一片光明。

但可惜的是,任职不满三个月,李商隐就突然接到了一纸调令:他被调到长安四百多里外的弘农县做县尉,官职也从正九品降到了从九品。

基层官员里,县尉算是武职,不用写文章,工作以审案判案为主,工作性质和李商隐书判拔萃科的出身是不搭的。李商隐为此非常不满,但连调任原因都不知道,也没地方去申诉,只能硬着头皮干下去。有人认为是令狐绹不满他借婚姻改攀李党,做了手脚;也有人说只是上级官员认为他人品不佳,不适合放在清要文职。总之，他的仕途在这样一个转向里突然停滞了。

一年后，文宗皇帝驾崩。新帝上位后，李德裕拜相，王茂元也借机回到长安，等候调任。李商隐认为在弘农没什么发展，于是辞去了县尉的工作，打点好家事后也在长安的樊南置业，与岳父、妻子小作团聚。很快，王茂元外放去陈许做节度使，李商隐便也跟去帮忙写了一年多的文书。此后，他再次回长安通过了吏部的考试，重新进入秘书省担任正字。虽然从之前的正九品上阶降到了正九品下阶，但总算回到了原点。

李党上位，岳父得势，在这个位置上熬一两年资历，前途应该是大有可为的，但李商隐确实运气不好，事业刚刚走上正轨没多久，他的母亲突然病逝了。按照律例，官员要守制丁忧，李商隐只好离开秘书省，带着妻子护送母亲灵柩踏上了返乡之路。

办妥丧事后，李商隐便与妻子留在洛阳，住在崇让坊王茂元的老宅里守制。这该是他们夫妻两个一生中最长的一段相处时间。两人的很多回忆都保存在这个老宅里——正因如此，李商隐后来的悼亡诗只要写到崇让坊就会情感失控。

从那些悼亡诗里，我们可以看到崇让宅大致的样子：这是一座很漂亮的宅院，前面有池塘，塘中种着大片荷花。回廊畔有竹林，林边有一株开得很盛的紫薇。宅院东边起了一座小亭子，可以坐在里面饮酒。亭中四望，满庭都是翠绿的青苔。

崇让宅丁忧三年间发生了很多事，对小夫妻来说，最大一件是王茂元的去世。丈人山崩，经济来源断了，二人生计也很快陷入困顿。他们这时已有了儿子衮师，为赚钱养家，李商隐不得不重操旧业去做幕僚，夫妻俩也再次陷入聚少离多的状态。

此后多年，李商隐做过县尉、府曹这样的俗吏，期待过令狐绹的帮助，也投靠过好几位幕主，但仕途一直没能再次走上正路。三十九岁这年，随着又一位幕主死去，李商隐风尘仆仆地回到长安准备另谋出路。然而，他进家就得知了一个噩耗：妻子因病去世了——就在他回来前不久。

王氏小李商隐近十岁，死时只有三十岁上下。在李商隐的预期里，两人本该还有很长的未来。故而她的死对李商隐打击极大。他为妻子写了很多悼亡诗，出行遇到风雪想起她，说"散关三尺雪，回梦旧鸳机"；回到崇让宅想起她，说"密锁重关掩绿苔，廊深阁迥此徘徊"；走入居室看到空床上的旧席，说"玉簟失柔肤，但见蒙罗碧"；晚上睡不着，感觉妻子的香气还在，也只好"背灯独共馀香语"。

这种状态持续了很多年。有一次，韩瞻和妻弟下帖请他饮酒，他想到妻子的祭日快到了，便托词要照顾孩子（"嵇氏幼男犹可悯，左家娇女岂能忘"），宁独对家中"更无人处帘垂地，欲拂尘时簟竟床"的凄凉，也不愿外出作乐。

对李商隐而言，妻子并不只是家庭的符号——他们之间有爱情。在他的诗句中，王氏的形象非常美丽，和那些女仙不同，她的美是让人怜爱，更可以亲近的。写到妻子时，李商隐几乎并不使用任何意象的幻术，每个表达、每个场景都非常真实。这并不关乎风格的变化（同阶段他的其他诗作依然非常朦胧，如追忆宋华阳的《重过圣女祠》），而更多只因为这段伤心的名正言顺。

他完全有资格堂堂正正地去祭奠这段感情。

从这些悼亡诗里，我们能看到抛除舆论压力，一个情感细腻丰沛的诗人本应该如何去调动自己的倾诉欲和表达冲动，它们是李商隐解绑的一个范本——他独特的写作风格固然与其审美偏好脱不开关系，但被动因素也不容忽视：在复杂的人际网中，他当然没办法把内心坦荡开放给所有人。这种挤压一边成就着他的诗歌，一边也将他深缚于痛苦。

王氏死后，新幕主曾经提出将一位美丽的乐籍女子赠给李商隐当妾侍，他拒绝了。他答谢称："悼伤以来，光阴未几。梧桐半死，方有述哀；灵光独存，且兼多病。"当时的李商隐年纪并不大，但显然已心如死灰。他心中挂念的，只有寄养在长安朋友家中的一双儿女（"寄人龙种瘦，失母凤雏痴"）——相比之下，他尚且不如自己的父亲，连带着子女一起去入幕的能力都没有。更后来，李商隐为求心灵解脱皈依学佛，也便彻底远离了情感。

"世界微尘里,吾宁爱与憎?"这是李商隐参不透的无奈,也是他最终的感情归路。

后人对他的婚姻也有过很多猜测。因为李商隐写过太多爱而不得的《无题》,致使很多人坚信他的爱情并不属于婚姻。高阳先生就曾在他的小说《凤尾香罗》中写了自己的推断:他认为李商隐实际爱慕的人是妻子的小妹十七姨,《无题》诗则多是寓居崇让宅时写给她的。为证明自己的观点,他根据《无题》诗中频繁出现的莫愁堂、郁金堂、画楼、桂堂等建筑方位,亲自画了一幅崇让宅示意图。

高阳先生的资料整合能力我是非常佩服的,他阅读面之广、做学问脑洞之大,都展现了学人难见的才华。从其作为晚唐浮世绘来看,《凤尾香罗》的还原度非常高,但对于李商隐与妻妹的恋爱揣测,我并不是很认同。"以诗证史"是一条能为学术研究指明方向的快捷通道,但要警惕的是,任何诗里,意象的黏合力都无法达到史证所需的强度。当史料缺位,仅以诗去指路,一旦某一环节动用了过多想象力,就可能引导诗歌走上与来路完全相反的路径。比如,按照我的理解,桂堂实是月亮的代称,与莫愁堂、画楼间并不存在建筑学关联,也就不适宜同置于一个空间范围内做排列。

但即使如此,高阳先生的研究依然有意义。他做出的种种探索考证，仍可以被后人拾起，作为开辟新路的工具。比如，他指出"碧文圆顶"是婚礼所用青庐，就对这首《无题》的嫁娶主旨起到了关键的定性作用。这个我们后续会谈到。

总之，李商隐的婚姻给他带来了很多人品层面的非议，也没能在仕途上给他带来太多助益，但他从未为此后悔。在他的回忆里，妻子美丽、善良、温柔，是他一双儿女的慈母，也是他半生飘零的知己。她死后，李商隐失去了对其他女性的兴趣，一心所系，也只剩下照顾好他们的孩子，但可惜的是，就连这一点，他也没能彻底做到。与学道期间那段如梦似幻的情愫相比，这样的爱情虽然开局似嫌市侩，结尾也并不脱俗，但因为其切肤可触，它的质地反而更加动人可叹。有了这些简单了解，我们也就初步有了打开他诗集的资格。后面几天，我们就可以跟随他的诗作，真正地走近他了。

明天见。

附　　　　　　**临发崇让宅紫薇**

一树浓姿独看来，秋庭暮雨类轻埃。

不先摇落应为有，已欲别离休更开。

桃绶含情依露井，柳绵相忆隔章台。

天涯地角同荣谢,岂要移根上苑栽。

七月二十九日崇让宅宴作

露如微霰下前池,风过回塘万竹悲。
浮世本来多聚散,红蕖何事亦离披。
悠扬归梦惟灯见,濩落生涯独酒知。
岂到白头长只尔,嵩阳松雪有心期。

正月崇让宅

密锁重关掩绿苔,廊深阁迥此徘徊。
先知风起月含晕,尚自露寒花未开。
蝙拂帘旌终展转,鼠翻窗网小惊猜。
背灯独共馀香语,不觉犹歌起夜来。

悼伤后赴东蜀辟至散关遇雪

剑外从军远,无家与寄衣。
散关三尺雪,回梦旧鸳机。

赴职梓潼留别畏之员外同年

佳兆联翩遇凤凰,雕文羽帐紫金床。

桂花香处同高第,柿叶翻时独悼亡。

乌鹊失栖长不定,鸳鸯何事自相将。

京华庸蜀三千里,送到咸阳见夕阳。

王十二兄与畏之员外相访见招小饮时予以悼亡日近不去因寄

谢傅门庭旧末行,今朝歌管属檀郎。

更无人处帘垂地,欲拂尘时簟竟床。

嵇氏幼男犹可悯,左家娇女岂能忘。

秋霖腹疾俱难遣,万里西风夜正长。

房中曲

蔷薇泣幽素,翠带花钱小。

娇郎痴若云,抱日西帘晓。

枕是龙宫石,割得秋波色。

玉簟失柔肤,但见蒙罗碧。

忆得前年春,未语含悲辛。

归来已不见,锦瑟长于人。

今日涧底松，明日山头檗。

愁到天地翻，相看不相识。

杨本胜说于长安见小男阿衮

闻君来日下，见我最娇儿。

渐大啼应数，长贫学恐迟。

寄人龙种瘦，失母凤雏痴。

语罢休边角，青灯两鬓丝。

第七日

《燕台》之分析

风光冉冉东西陌

之后六天,我们就可以具体谈李商隐的诗了。从一个很美的故事走进第一组诗吧,你也可以把它看作前面感情篇的番外。

前两天我们一虚一实地聊到了李商隐的感情婚姻,其实这之间还有一段很美也很朦胧的故事,只是它没有来得及发生。

故事的女主角叫柳枝,李商隐曾以她的名字写过一组五言诗,并在序言里认认真真地记录了两个人的这一段相逢。这篇小序写得很美,结构和笔法不输唐代很多有名的传奇小说。

李商隐说:柳枝姑娘是洛阳人,父亲经商,因风波死在了一次船难里。家庭的影响加之母亲的偏疼,使柳枝养成了独特的性格:她不喜欢梳妆打扮,妆台前坐不多久就会不耐烦。她喜欢什么呢?李商隐有一段很美的形容,说柳枝好"吹叶嚼蕊,调丝擫管,作天海风涛之曲,幽忆怨断之音"。这段话对意象的处理很有镜头感:从细目的花蕊到开阔的天海风涛,剪辑得非常潇洒,也引得后来文人十分神往——如清代纳兰性德作词时就曾频繁引用过这几句话的意象,写他妻子卢氏的"十八年来堕世间,吹花嚼蕊弄冰弦"(第一句同样来自李商隐,是我们两天前提过的《曼倩辞》)、写给红颜知己沈宛的"制成天海风涛曲,弹向东风总断肠",都出自这篇小序。

为了谐律,纳兰性德把叶改成了花,而原文里的"吹叶嚼蕊,调丝擫管",实则指的都是音律——柳枝会把树叶吹出曲调,会吟唱很美的唱词,也会弹琴吹笛子。她弹奏的都是什么曲子呢?"天海风涛之曲,幽忆怨断之音",就是说柳枝的音乐审美偏重于气象旷远、情绪幽怨而深挚的曲子。结合她父亲死在水上的身世看,"天海风涛"的取向很有一种宿命轮回的感觉——这个渲染是传奇小说回环相扣的技法,无论出于有意还是无意,李商隐对柳枝音乐风格的比喻都完成得很高级。

这样特立独行,邻居们就不太能理解,他们觉得这女孩天天像喝醉了酒在梦游一样,不适合娶来当媳妇,所以直到十七岁都没有人来提亲。李商隐远房的族侄李让山恰是柳枝的邻居。某日,李让山念起李商隐的那组《燕台》诗时恰被柳枝听到了。这个每天活在自己世界里的女孩子好像突然被惊醒了,问:"谁人有此?谁人为是?"——"是谁有这样的情怀?是谁能写出这样的诗?"听李让山说是一个年轻的叔辈写的,柳枝就把自己的衣带扯断,交给李让山系在手臂上作为信物,请他向这位叔叔求诗。

第二天,李商隐就来赴约了。平时不化妆的柳枝特地打扮得很漂亮,梳着少女的双鬟髻,"抱立扇下,风障一袖"——她抱着双肘站在门口(扇指门板),风吹得一边袖子飘了起来,很有画面感。

她指着李商隐问:"是他吗?"得到肯定的答复以后,柳枝说:"三天以后,我会'湔裙水上',带着博山香去等你。"李商隐答应了。湔裙,就是在水边浣洗衣裙。洗涤原有祛邪的性质,可以上溯到《诗经》时代。随着时代更迭,后来慢慢丰富演化成了青年男女踏青游玩的习俗——两个人心知肚明,这是一个约会的邀请。

博山香亦有其典故。南朝有首民歌叫《杨叛儿》,说"暂出白门前,杨柳可藏乌。欢作沉水香,侬作博山炉"。其中杨柳恰扣了柳枝的名字,而博山炉和沉水香这两个意象则带有一点情色意味,这可以看作她愿意和李商隐约会欢好的暗示——李白也写过一首《杨叛儿》,其中"博山炉中沉香火,双烟一气凌紫霞"也是一样的意思。

李商隐答应了,但最终他没能赴约。这几日,他正准备上京赴考,约了几个伙伴同行。恰在约会前一天,一个淘气的朋友偷走了他的行李,先往长安去了。李商隐很穷,没钱再去整装,只好匆匆忙忙地追着这个朋友上了路。这年冬天,李让山在长安再次见到李商隐，告诉他柳枝已经被一位节度使娶走了。这段没来得及开始的感情，旋即结束。而柳枝与李商隐未完的"湔裙水上"之约，也成了后来一代一代文人心里的遗憾，如晏几道词中"湔裙曲水曾相遇，挽断罗巾容易去"，就在暗射这段故事。

让人感慨的是，李商隐放弃了与柳枝上巳节的约会去长安赴考，而真的中了进士后，也正是在另一个上巳节的曲江宴上被王茂元看中，遇到自己的真命天女，走进了婚姻。春日里一得一失的命运，交映看来也很有戏剧感。

今天我就来谈谈《燕台》到底是一组什么样的诗，能让李商隐获得一个不曾谋面的女孩如此虔诚的向往和爱慕。

《燕台》是一组七言古体诗，分为《春》《夏》《秋》《冬》四首。这设计脱胎于晋代的《子夜四时歌》：按季节分为四部组曲，根据时序特点，每组风格也各不相同。这样的组诗后来梁武帝写过，李白也写过。不过，他们所作的子夜歌都是五言，而且通常每个季节会写很多首，依照同样的调子，换词反复吟唱，而李商隐这组《燕台》则是每个季节只有一首诗，且并不作短小的五言，而是篇幅很长的七言古体诗。这组诗在体例上致敬了六朝，但纯看创作手法的话，与子夜歌原作乃至后来的梁武帝、李白等人的作品相比，这组《燕台》中反而是李贺的气息更重一些。

李贺二十岁去参加河南府试时曾写过一套十二月乐词，每月一首,连闰月在内一共十三首,每个月的诗歌有每个月的特点,可以看作是拆解得更精确的升级版四季,语言风格和《燕台》就很像。不过,李贺的乐词是宫词,场景基本都限定在一个封闭的庭院里,而《燕台》则介于宫词和游仙诗之间,加入了一些道教甚至巫歌的元素——《夏》这一章尤其明显,其中星妃、太君等仙女意象无论从语言体系还是情感上,都和李商隐写给宋华阳的诗很接近。所以我个人认为,这组诗可能和他在王屋山这段情愫有一点儿关系。

那么现在,我们就一起走进这组诗。

如刚才所说,《燕台》分为《春》《夏》《秋》《冬》四首,所以它整体的特质是流动的,有时间感的。要谈时间,就得先注意一下诗里的方位名词——东和西。

我国古代诗歌的语言体系里,南北通常代表着离愁,是方位上的。这是因为我们国家经历了太多次的战争,朝廷的小中心也长期处于纵向移动和拆分的状态,所以很多生离死别的故事都带着南北的方位设定,即所谓天南地北。在诗歌里,凡出现江南江北、岭南塞北这样的方位名词,诗人几乎不用多给出任何解释,就能塑造出空间的隔绝感。

而东西这组方位通常代表着流逝,它的隔绝是时间上的。如果说南北是个二维概念,那么东西就是四维概念。原因也简单:

太阳、月亮的运行都是东升西落，而中国的水系也都是东归大海，所以古人看时间的目光，也就永远是从西移到东。

日月河流，本来就是最容易让人感受到流逝的东西，所谓"朝看水东流，暮看日西坠""百川东到海，何日复西归"，如果说南和北的隔绝在无奈之下还能保留一点期盼，那么东和西给人带来的感觉就完全是绝望和无能为力了。

《燕台》这组诗的走向就属于东西。横向的延展一起一收，恰好落在《春》和《冬》两章：《春》开篇说"风光冉冉东西陌"，这是春天里的寻觅，篇尾说"今日东风自不胜，化作幽光入西海"——东风进入西海，这就是春天的结束了。要注意，风消失的方向和时间的方向是相反的，是从东向西的。诗人是在逆着时光寻找，或者说他一直在试图用他的寻觅去对抗时间。但结局呢？化作幽光。方向上始终没有妥协，但生命力在寻觅里彻底消失了。到《冬》这章，开篇"天东日出天西下"，时间就已经回到了正序，尾句收在"蜡烛啼红怨天曙"：从"天西下"的黄昏再次走到了天明，又是一轮"天东日出"。诗人仿佛已经认命了，跟随时间的洪流进入了无休无止的一场新的轮回。

再看内容。《春》里能看到"冶叶倡条遍相识"这样的句子，说好像蜜蜂寻觅花朵一样，一片片叶子找过去，执着地在追寻状态里行走，但到了《冬》，"芳根中断香心死"，这朵花已经确信是找不到了。这也很符合时间设置上的走向：《春》是逆势而为，力竭而终；《冬》则是随波逐流，不与天争。

说到这里或许你会问，那夏和秋呢？为什么没有东与西的方向感呢？我认为可以这样理解：《夏》《秋》两首写的是作者的心灵空间，脱离在时间之外——就好像流水旁边有个渡口，漂得累了可以上去停一停，但最终，河流才是这艘船的宿命。

李商隐的时间主题是追寻，而他的渡口，就是求之不得和得而后失两种情愫。

《夏》这一首涉及了大量求仙的意象。"桂宫流影光难取，嫣薰兰破轻轻语。直教银汉堕怀中，未遣星妃镇来去"：月宫里的光永远不会属于我，但我还是能听到月中人吐气如兰的低语。我想让这条银河一直落到我怀里来，这样她的使者就能够顺着它常来常往，为我们传达消息。但最后这个期望成功了没有呢？诗的结尾说"安得薄雾起缃裙，手接云軿呼太君"——如果能看到你来，我一定亲手扶着你的云车，喊出你的名字。期望很美，但有"安得"两个字我们就知道了，这只是如果。一如杜甫所谓的"安得广厦千万间"，这是诗人能力之外的事情。

仰望和最终的求而不得，就是让诗人忘记时间驻足停留的第一个渡口。

到《秋》又不同。这首诗里，诗人已经拥有过了自己的爱人，正处在得而复失的别离状态。它乍看像一首宫词，写法也最接近李贺《十二月乐词》。和《夏》相反，《秋》是以女性视角写的。女主人公一直坐在一座小楼中。星河转动，她听着楼上檐角的铁马（风筝）被风吹着作响，看着庭院里的红桂（就是莽草）结出了红红的小果子，看着床上的合欢被积满了尘土。她没有心情弹琴，只听见院里的鹦鹉因为夜凉下来开始哀哀地叫。她找到了旧时的书信，想起与爱人的相逢（这里用了潇湘二妃的典故），但是两个人再也见不到了。"歌唇一世衔雨看，可惜馨香手中故"：歌声听不真切，只能含着泪远远去看嘴唇和口型，即使拥有了又能怎么样呢？就像一朵花，摘下来了，就只能眼看着它在自己手里枯萎了。

这种得而复失在悲凉感上比求之不得更进了一层：拥有过，但还是失去了，失去后反复琢磨体味，才越来越觉得失去是注定的，自己本来就没有能力去长久拥有——这种不再抱有期待的伤感，是停滞的时间里，这场心事的第二个渡口。有这样的经历，李商隐才能顺理成章地过渡到《冬》一章的心如死灰，并甘心走入时空——狄兰·托马斯所说的"那个良夜"。

粗粗梳理后我们看到，李商隐在这一组诗的时间序列里，写了追寻，写了求之不得，写了得而复失，写了最终的认命，每一节都是伤心，而唯独抽离了两个人互相得到的阶段。不难推断，这段甜蜜应该正好出现在夏和秋的中间,是一年热度最盛的时候——但李商隐偏偏就没写,留白了。

他只写了之前的盼望和之后的惋惜,而让读者自己去想象这朵花开得最盛的时候的样子。这是很聪明的布置。

说完结构,我们再谈谈这组诗的意象。

东西的寻觅方向之外,《春》和《冬》里我们还能看到一组比较特别的意象呼应是龙和凤。《春》里是"雄龙雌凤杳何许",《冬》里是"雌凤孤飞女龙寡"。细心的你可能注意到了,前面那句里龙是雄性的,而后面那句里的龙却是"女龙"。从"孤飞"和"寡"不难看到,这条"女龙"和"雌凤"一样,也失去了伴侣。

如果把它们串联起来,就会看到主情节外隐线的脉络:在寻觅一章里出现的龙凤走到终章,迎来了各自的结局。龙死了,独留下了爱侣;凤活了下来,爱侣却不在了。生死也是时间——它们都输给了不能挽回的四维划断,而诗的主人公又何尝不是有着相同的命运呢?

这样的对照零星还能见到一些,比如桃树。《春》里说"暖蔼辉迟桃树西,高鬟立共桃鬟齐",夕阳下女子发鬟高耸,和桃花的花冠是齐平的,但《冬》里呢?李商隐只提到了两个和桃树相关的人名:"当时欢向掌中销,桃叶桃根双姊妹。"桃叶桃根是王献之的妾,"桃叶复桃叶,桃树连桃根。相怜两乐事,独使我殷勤",这是一对主人非常喜爱的姊妹花,但是"当时欢向掌中销",都已经不在了。对应春日那场寻觅中看到的桃树、美人、桃鬟,后面失去的桃叶、桃根也就起到了映照和交代结局的作用。怕读者看不出来这是对照,李商隐后面特地又加了一句"破鬟倭堕凌朝寒":前面是"高鬟",这里是"破鬟",前面是"暖蔼",这里是"朝寒"。

可以看到,《春》的叙事虽然也处在茫然和焦虑里,但诗人依然保持着体面和雍容,到后面天气慢慢热了,春天快结束了,主人公收起精心准备的"夹罗"换上"单绡",但"香肌冷衬琤琤佩",依然保持着精致;但到了《冬》,人物的形象就开始走向狼狈和散乱了。寻觅的希望全部消失,用比较流行的话说,已经彻底是一副被生活打败的样子了。

当然,这组诗里还有很多很美的、瑰丽奇特的意象。李商隐的镜头被不断打散、剪辑、拼接,交织出了奇妙的效果,我就不一一点明了。如果你愿意自己好好阅读一遍这组诗,肯定会激发出更多丰富的感受,而不是只限于我刚刚点出来的这些——但阅读之前,我还想再提醒你关注一下他的语言。

这组诗的《夏》《秋》两章完美地继承了李贺最擅长的通感。比如,"轻帏翠幕波洄旋"说帷幕吹动好像波浪回旋,"月浪衡天天宇湿"说月亮的光把天空打湿了,"但闻北斗声回环"说北斗星像九连环一样，互相敲打，声音很清脆。第四天我们就谈过这种写法，李贺在《梦天》等诗歌里已经把它发展得很成熟了。但不同于李贺，在这些非常细密、只属于视觉的文字中间，李商隐有时候会忽然插入一句民歌体的慢节奏句子。比如"浊水清波何异源，济河水清黄河浑"，比如"欲织相思花寄远，终日相思却相怨"，都是极为清浅的口语。在节奏非常快的高速运转的画面里，这样的句子突然出现，会把读者的关注短暂地从视觉切换到听觉，使其不至于一直调用同一种感官而产生疲劳——这是李商隐创作性格里比李贺要温存的地方。

好，说到这里，《燕台》这首诗就聊得差不多了，但我想说的话还没有讲完。

看完诗，我们不妨再回到柳枝的故事来。

不知你是不是记得李商隐在小序里说柳枝喜欢"幽忆怨断之音"，而这四首《燕台》的题目是《春》《夏》《秋》《冬》，情绪就分别对应着幽、忆、怨、断这四个字。这四个字与其说是柳枝的喜好，不如说是李商隐借题对这组《燕台》进行自我总结。

从这个角度，我们不妨进一步想：这段故事到底是一件真实的事情，还是李商隐的又一次创作呢？柳枝寻觅和追求的是所谓"风光冉冉东西陌，几日娇魂寻不得"，这本就是《燕台》最初的情绪——而当两个人彻底错过，李商隐再为柳枝写下的一组五言诗,里面"同时不同类,那复更相思""锦鳞与绣羽,水陆有伤残""如何湖上望,只是见鸳鸯"的凄凉无望和时间差导致的终生无缘,其实也都是《燕台》最终的情绪。

如果我们把柳枝的故事理解为《燕台》外层的又一环创作,这个创作结构就比大部分人理解得要更高级。它更接近一个剧中剧或者梦中梦,用诗里的无数意象串联起了一个里回环,再用一段传奇小说形成一个外回环,最后以一组柳枝诗作总结,完成这一系列环状结构的定性和叹息——中年丧妻后,李商隐在柳仲郢幕府曾有这样一句诗:"长吟远下燕台去,惟有衣香染未销。"结合跟这组诗内容完全不搭边的题目《燕台》来看,这句诗正好完满地构成了情绪的补充注脚。

好,聊到这里,《燕台》这首诗我就彻底聊完了。希望你空闲时,可以找到这四首诗和柳枝诗序认认真真看一遍——毕竟我所说的一切都只代表我自己的解读。我相信,如果你读过,那么只属于你的那个李商隐、那四首《燕台》也会在四季中等你。

明天见。

附

燕台四首

春

风光冉冉东西陌,几日娇魂寻不得。

蜜房羽客类芳心,冶叶倡条遍相识。

暖霭辉迟桃树西,高鬟立共桃鬟齐。

雄龙雌凤杳何许？絮乱丝繁天亦迷。

醉起微阳若初曙,映帘梦断闻残语。

愁将铁网罥珊瑚,海阔天宽迷处所。

衣带无情有宽窄,春烟自碧秋霜白。

研丹擘石天不知,愿得天牢锁冤魄。

夹罗委箧单绡起,香肌冷衬琤琤佩。

今日东风自不胜,化作幽光入西海。

夏

前阁雨帘愁不卷,后堂芳树阴阴见。

石城景物类黄泉,夜半行郎空柘弹。

绫扇唤风阊阖天,轻帏翠幕波洄旋。

蜀魂寂寞有伴未？几夜瘴花开木棉。

桂宫流影光难取,嫣薰兰破轻轻语。

直教银汉堕怀中,未遣星妃镇来去。

浊水清波何异源,济河水清黄河浑。

安得薄雾起缃裙,手接云軿呼太君。

秋

月浪衡天天宇湿,凉蟾落尽疏星入。

云屏不动掩孤嚬,西楼一夜风筝急。

欲织相思花寄远,终日相思却相怨。

但闻北斗声回环,不见长河水清浅。

金鱼锁断红桂春,古时尘满鸳鸯茵。

堪悲小苑作长道,玉树未怜亡国人。

瑶琴愔愔藏楚弄,越罗冷薄金泥重。

帘钩鹦鹉夜惊霜,唤起南云绕云梦。

双珰丁丁联尺素,内记湘川相识处。

歌唇一世衔雨看,可惜馨香手中故。

冬

天东日出天西下,雌凤孤飞女龙寡。

青溪白石不相望,堂上远甚苍梧野。

冻壁霜华交隐起,芳根中断香心死。

浪乘画舸忆蟾蜍,月娥未必婵娟子。

楚管蛮弦愁一概,空城罢舞腰支在。

当时欢向掌中销,桃叶桃根双姊妹。

破鬟倭堕凌朝寒,白玉燕钗黄金蝉。

风车雨马不持去,蜡烛啼红怨天曙。

柳枝五首

柳枝,洛中里孃也。父饶好贾,风波死湖上。其母不念他儿子,独念柳枝。生十七年,涂妆绾髻,未尝竟,已复起去。吹叶嚼蕊,调丝擫管,作天海风涛之曲,幽忆怨断之音。居其傍,与其家接。故往来者,闻十年尚相与,疑其醉眠,梦断不娉。余从昆让山,比柳枝居为近。他日春,曾阴,让山下马柳枝南柳下,咏余燕台诗。柳枝惊问:"谁人有此?谁人为是?"让山谓曰:"此吾里中少年叔耳。"柳枝手断长带,结让山为赠叔乞诗。明日,余比马出其巷。柳枝丫鬟毕妆,抱立扇卜,风障一袖,指曰:"若叔是?后三日,邻当去溅裙水上,以博山香待,与郎俱过。"余诺之。会所友有偕当诣京师者,戏盗余卧装以先,不果留。雪中让山至,且曰:"东诸侯取去矣。"明年,让山复东,相背于戏上,因寓诗以墨其故处云。

其一

花房与蜜脾,蜂雄蛱蝶雌。

同时不同类,那复更相思。

其二

本是丁香树，春条结始生。

玉作弹棋局，中心亦不平。

其三

嘉瓜引蔓长，碧玉冰寒浆。

东陵虽五色，不忍值牙香。

其四

柳枝井上蟠，莲叶浦中干。

锦鳞与绣羽，水陆有伤残。

其五

画屏绣步障，物物自成双。

如何湖上望，只是见鸳鸯。

第八日

李商隐《无题》之猜测

相见时难别亦难

看过昨天的《燕台》，相信你已经摸到了李商隐诗歌的初步读法。今天开始，我打算用三天展开我们的重头戏——李商隐的无题诗。

说到具体诗歌前，我想今天先聊聊"无题"这个不是题目的题目。一首诗为什么会没有题目？我们该怎么去看无题诗？想明白了这些问题，才能真正心安理得地打开他那些耳熟能详的名作。

说无先知有，既然要谈无题，首先就得弄明白诗的题目到底意味着什么。

在大多数人的理解里，题目是诗人对这首诗创作背景的交代。它通常会涉及时间、地点、人物、诗的创作动机等关键因素，可以理解为诗人为诗亲自加的注解。如《十一月四日风雨大作》，陆游在题目中交代的就是时间和写作环境，让读者读这首诗前就知道它是在一个冬日的风雨天里诞生的，便会随之产生合理的预期；也如前面提过的李商隐那首《赠华阳宋真人兼寄清都刘先生》——赠和寄是有亲疏的分别的，题目不但交代了赠一个时想起了另一个的创作因果，也把这两个人的活动地域、社会身份都表达清楚了。

预设背景、增补信息，这就是大多数读者眼中题目的功能，非常简单清楚。但如果站在创作者视角看，题目的构成则会更复杂一些。每首诗创作之初，诗人心里都会有个题目，这就是他的创作初心和诱因。但我想告诉你的是，并不是每首诗写到最后都能依然适合最初那个题目——好像每对父母都会给自家新生儿取名，但并不是每个孩子长成后的气质都和自己的名字完全匹配。

在创作过程中，诗人会面临很多诱惑：他要和瞬间爆发出来的各种灵感搏斗，会不断被这些自己创设出来的但高于自己的隐喻吸引。他们可能会挣扎，也可能会顺从，然后在溺水求生一样不断输出的过程里产生新的表达欲望——而这些新的欲望，一定程度上可能会背离作者的创作初衷。

这种背离是诗诞生的过程里最让创作者着迷的偏差。诗人在语言方面的敏感性越强，就越可能体验到这种魅力。他们可以清楚地感受自己内心和冥冥中某种力量的互动，然后等待着这种力量带领自己走到未知的世界。在这片未知世界里的探险结束后，完成了最后一次修改的诗人站稳脚步，会再次回头，把终点和起点关联起来，写下一个概述性的短语或者短句，这才是诗最终的题目。

所以你可以这么理解，一个合格的题目，应该是诗人最初的创作动机和最后的成品之间的最大公约数。

当然，对主张诗的第一要义是不改初心的作者而言，初始的题目就已经足够用了。他们讲究歌诗合为事而作，所以绝不甘心被语言诱惑而牺牲内容。对他们而言，诗更多是押韵的信件或文章，如果没有动因，他们本也不会写诗。这样的诗人，就属于我国古代诗歌体系里的正统诗人。他们写诗是为了解决现实问题：或者是对看到的现实不满需要抨击，或者是别人赠送了礼物要表达感谢，也或者只是单纯的应酬、问候……在创作完成时彻底把问题解决好，才是这首诗的第一目标。这样写出来的诗，取题目时不需要犹豫，因为最初的题目和最后的成品之间不会有太大区别——刚刚举的陆游的例子就属于这种情况。

现在回到今天的主题。

试想一下，好不容易完成自己的作品，诗人为什么要放弃为它命题的权利？这意味着他不但割舍了诗的起因，更消灭了创作过程中的所有经过，相当于写完一篇草书，却抹去了所有的飞白痕迹。第五天我们谈到"以诗证史"时提过，当李商隐放弃辩解，他作品的解释权就会全部自动转移给后世的文人和学者——在一代代人对无题诗的种种猜测和研究里，他心底最细微的感情都会被显像成经历。走入历史的视角,这相当于把自己的人生都交给了不相干的人去重写和诠释。

李商隐未必想不到这个结果,但他最终还是选择了不命题。原因可能有两个:一是诗的呈现和创作初衷已经偏离太远,他已经找不到一个最大公约数了;另一方面,也可能是李商隐确实不想给人看到他的写作初心——时至今日,大部分试图去解释无题诗的人,都是从后者出发的。

有人认为他写的是怀才不遇、香草美人,如明初的杨基就说《无题》所托不外"臣不忘君"之意,清代的纪晓岚也说过《无题》是"感遇之作",是"求之不得"的"寓言"。也有人认为他是假托闺怨影射对令狐绹的情感,比如清代的吴乔和冯浩,都详细地考据过李商隐与令狐绹间的交集与恩怨,并且在诗中一一找到了对应。更有人认为他纯粹是在写一段不能见光的感情——当然也不一定就是宋华阳,但我们可以暂时用这个名字作为代号。持这种观点并且有影响力的,首推民国苏雪林的《李义山恋爱事迹考》。她认为无题诗"篇篇都是恋爱的本事诗",是记录恋爱事迹的实录和证据。在这个研究过程里,她认真地把李商隐常用的意象统计成了一张表格,并且试图从中寻找确凿的对应联系——当然,这些证据本身就建立在循环内证的基础上,也就难免掺杂了太多她的主观判断。

无论是写给皇帝、令狐绹，还是恋人，学者们的结论都落在了种种难言之隐上。他们认为李商隐的诗不方便落到实处，因此不能设置题目。和他们角度稍见不同的是高阳先生。他指出，整理诗集时，李商隐已经处在人生边缘上了——盐铁推官的职位被人黑掉后，独自住在永崇坊的李商隐在贫病交加中等待着死亡的来临。他晚年得了眼病，随时可能失明。想到一双年龄尚小的儿女，李商隐强撑着将自己的诗编成了三卷，准备呈给令狐绹以求尽释前嫌，更将遗文遗孤一并托付给他。因为视力很差，李商隐的诗集编写得非常匆忙，故而诗歌也就来不及一一重拟题目。于是，之前没有题目的，他索性全部以"无题"为名，更在卷首吟成一首《锦瑟》后匆匆投出。高阳这篇文章名为《李义山无题实为"阙题"说》：李商隐之所以有这么多无题诗是客观条件使然，来不及补题目，就只好都空缺了。

对这个说法，我认可一半。文中对李商隐暮年情景的推断有可能是真的，它解释了李商隐编制诗文集时为什么没有给诗作拟定题目，而放任它们这样走进了历史。但不拟本身并不是删除，高阳没能解释李商隐为什么在最初创作完成时就没有给出题目。

我当然也没有能力拿出一个百分百正确的答案——我能确认的依然只是最基础的逻辑：托名为《无题》的这些诗歌，在创作的时候是不具有社会属性的，换句话说，它们和李商隐的社交生活、职业身份关系不大，也不承担对李商隐人格意志的延展和信用背书的功能。它们与咏史、刺事或者赠人、咏物之作都不同，不是李商隐"诗言志"的手段和工具，而更近似于诗人对内心的一种交代，所以他没有必要，也不打算向任何人解释。

一定程度上说，这些无题诗从创作动机看更接近我们现代定性的诗。

据刘学锴先生统计，李商隐的无题诗——也就是用"无题"两个字作为标题的诗共有十四首。当然，若加入《碧城》《为有》这类题目中没有任何信息增量的诗还会更多。不过，为了指向明确，我们这几天只谈这十四首实实在在叫《无题》的诗。

读诗前我想先提醒一点：这十四首《无题》并不是一组诗，所以它们遵从的不一定是同一个主题，也并不见得来自同一种情绪。

这些诗中有六首是不成组的单篇，五七言均有，体裁上有律诗，有绝句，有古体诗，找不到什么规律，里面比较有名的是"相见时难别亦难"和"八岁偷照镜"两首。这之外还有三组组诗：两组是两首成一组的，第一组由"凤尾香罗薄几重"和"重帏深下莫愁堂"两首七律构成，内容上也互为照应，这是常见的组诗写法。第二组由一首七律"昨夜星辰昨夜风"和一首七绝"闻道阊门萼绿华"组成。两首诗体裁不同，却产生了常规组诗难以产生的效果：好像画梅花，一条长枝横斜出来，另一枝短干就可以平衡画面。在此基础上生发出来的另一组《无题》体裁就更复杂了：四首一组，其中"来是空言去绝踪""飒飒东风细雨来"两首是七律，"含情春晼晚"是五律，"何处哀筝随急管"虽也七言八句，却不是律诗，是七言古体诗。这组诗长短参差，旁逸斜出，非常丰富。后面我会专门找一天聊一聊。

通常来讲，组诗很少会在体裁上多做文章。像陶渊明的《饮酒》《归园田居》、李白的《清平调》，再如老杜的《秋兴》，就都是非常标准的组诗——它们是一个丰富而多层的整体，而这种丰富通常并不用体裁变换来体现。组诗的显像有点像寺庙里的十八罗汉：都是尊者，修为差不多，但每个人都有自己的姿态和性格，于是可以产生无数种分组和相应的解释。在组诗的大结构中，每首诗都有自己独特的作用。它们可以拉动情绪的递推、控制时间的流动、催动境界的提升，但同时，它们也可以什么都不体现——还以十八罗汉举例，即使其中某一个不幸被偷走了，在别人的博物馆里或者拍卖会上，它依然有能力以一个独特完整的形象站在观者面前，而不会让人觉得残缺。

我们刚刚提到的李商隐最后一组《无题》，在体例处理上则又大胆些。如果说《秋兴》八首类似十八罗汉，那么李商隐的组诗就有点像八仙或者风尘三侠：长短俊丑差异越大，诗之间的张力也就越强,组诗之间的关系也就越丰富。

看组诗先要看的是它的主题:像狮子耍绣球一样,看几首诗要如何把这个主题抛来接去,形成不同的又有互动感的姿态。作为一个整体,这样才能在个体完整的基础上兼生交响感。

如《秋兴》八首主题就是今昔。这组诗的通篇主线都在用昔日春天里的长安和今日秋天里的夔州做对比。这组诗里,长安的景象都是虚的,所以虽然杜甫写的都是盛世气象,但质感很轻盈,好像春天的花瓣飘转在秋天的大江上空。在杜甫的诠释下,每首诗都是一组不同的景象和感情的交织。它们忽然清冷,忽然热烈,忽然很远,忽然很近,每首诗在感情上都不相同,它们多彩多姿,但最终不离今和昔、江湖和庙堂这条主线。今日的秋和昔日的兴,这是秋兴真正的题目。

可李商隐却偏偏没有给出组诗的主题。于是,虽然他的无题诗也都做出了不同的姿态,也构成了各种各样的组合与造型,但你看不出它们在干什么,造型就很难产生动能,读者也就无法从中找到诗之间的结构。以我们掌握的资料而言,这组《无题》好像一组现代雕塑,看似有内容,内核却不可知。

这也是很多索隐探佚派希望给李商隐的无题诗找到一个背景故事的底层逻辑:有了主题,就可以补上这群狮子中间的那个绣球,只有这样,这些诗才能真的活起来。

虽然我不认可苏雪林、高阳等人的猜测结果，但我依然认为他们的努力本身，是阅读这些无题诗的正确方式。读无题就该保持这种猜测和追寻的状态，因为只有在这种状态里，这些美丽的诗才能像茶叶到了开水里一样，获得判然不同的生命力。

不论李商隐故意也好，无奈也罢，这壶开水，最终留给了读者去替他烧开——要让这几组《无题》彻底活过来，责任已经不全在李商隐了，我们读者也必须要有在里面寻觅到什么东西，并且在读它的时候去相信这些东西的自觉。

事实上，李商隐没有拒绝过读者的揣测。他多解的手法本就是一种开放的态度，仿佛太湖石，所谓漏透瘦皱，都是在邀请光影的进入，邀请人为它命名。这也才是这些成组的《无题》虽然残破、朦胧，却还有强大吸引力的原因——它不但在邀请你来阅读，也邀请你来一起创作。

所以明天具体谈到诗时，我依然会给出我自己的推论。这些推论当然不会绝对无误，但我很想让你体会到在语言气脉的美感外，带着猜测去读诗是一种什么样的感受。

这实在非常过瘾。

也期待你的猜测。明天见。

第九日

《无题》：介于真实与想象之间

凤尾香罗薄几重

接着昨天继续说《无题》。李商隐的无题诗错落参差，为了尽量广地覆盖到各种类型，我打算先选一首单独成篇的"八岁偷照镜"，再选"凤尾香罗""重帏深下"一组，说说正统而规范的组诗。有了这层基础，明天咱们就可以详聊"来是空言去绝踪"的升阶版组诗了。

先说单篇的五言吧：

> 八岁偷照镜，长眉已能画。
> 十岁去踏青，芙蓉作裙衩。
> 十二学弹筝，银甲不曾卸。
> 十四藏六亲，悬知犹未嫁。
> 十五泣春风，背面秋千下。

诗写的是一个女孩子一年年的成长变化。它节奏很轻快，"八岁""十岁""十二""十四""十五",用年龄作领字,形成了一次次的旋律回响。好像往湖面扔了一颗石子,水纹也随之一圈圈荡开——看似很规律,却并不平均,每一环里都叠着上一波的力量。

这种写法化用的当然是《孔雀东南飞》中刘兰芝的自述:"十三能织素,十四学裁衣,十五弹箜篌,十六诵诗书。十七为君妇,心中常苦悲。"这种写法在汉代到六朝间是很常见的:一二三四五排下来,到最后一节突然来个空际转身,非常好学,也很容易出效果。但如果仔细读一下这两首诗就会发现,李商隐这首《无题》虽然结构上致敬了前人,但从内容上看,它比《孔雀东南飞》丰富得多。

刘兰芝的自述有点儿像年度学习计划:几岁学了什么,几岁又学了什么——学的东西一年比一年难,也一年比一年更要求灵性,正是因为这样,十七岁嫁人后"心中常苦悲"的骤然坠落,才产生了多年经营毁于一旦的效果。这种设定有点像这几年比较火的流水线仙侠剧:男女主角出场时苦练千万年的修为,最后总要因为一场恋爱彻底毁掉。虽然确实很容易催生爆发力,但从创作角度看,这种写法是相对取巧,也比较容易套路化的。乍一看很惊艳,用多或看多了,也就腻了。

相较于刘兰芝的学习计划,李商隐的诠释更近似于成长历程。

八岁的女孩子开始偷偷照镜子,这是发乎天然的美的自觉。镜子是偷着照的,证明这并非被家庭、社会教育规范出来的所谓"德容言功",而是自我萌生的喜悦和好奇,就像种子破土。小动物般懵懵懂懂的儿童,突然生发出属于人性的、对美的追求——而从"长眉已能画"看得出,她还在通过努力去保护并且增进这种美。这是从无到有的、心灵层面的自我觉知。

"十岁去踏青,芙蓉作裙衩。"踏青的含义比较丰富:一方面,她在万物萌生的春天亲近了自然,也随即看到美并不独属于自己,更在身外的天地万物中;另一方面,春日出游本身带有一定的社交意味,也可以理解为这个女孩子开始看到了个人空间之外的社会关系。从八岁察觉到自己的美,到十岁已经看到身外的世界之大,这是由内而外的又一层成长。

"十二学弹筝,银甲不曾卸。"到了十二岁,这个女孩子开始接受自己的社会身份。她有了自己的规划,并且开始为之努力。八岁和十岁的她都还只是停留在一个时点去观察自己、观察世界,视角是静态的。而长到十二岁,画面进入动态,小女孩开始走入世界,并且跟随世界一起运行了。

"十四藏六亲,悬知犹未嫁。"开始运行,就有了规则和限制。十四岁的女孩子已经认识到:一个人和社会的关系不可能全方位开放。她的未来有局限性,而且,社会的本质就是用一种局限性去交换下一种局限性。她开始不见那些异性的远亲了,直到等来一个不认识的异性,然后走入一段新的密闭关系。

所以最终才有了"十五泣春风,背面秋千下":春风、秋千,这些美好的东西已经不能安抚她了,女孩子开始慢慢懂得了期盼和失望。愁过了,则标志着一个女孩子彻底成熟了,也将从此彻底失去成长阶段的快乐。她为什么哭呢?很多人认为她是在为自己没嫁出去而伤心,但我个人觉得,她愁的不一定是这样具体的事情。她可能只是感受到了美的不自由、人间的不自由,继而看到自己在这个世界上原来并不重要。

从把自己看得很大很大,到发现自己其实很小很小,这个结尾,就和"八岁偷照镜"时萌发觉知的中心自我形成了一个沉重的呼应。

李商隐这首诗并没有设置出一个像"十七为君妇,心中常苦悲"的强转折。"背面秋千下"也还远远没走到结局:女孩依然待字闺中,她的思想也依然具有开放性,未必会永远停留在这一步。她还会有她的十七岁、十八岁、二十岁、四十岁,而李商隐只是从中切了一小段成长经历呈现出来。然而,就像藕一样,切面上挂着丝,它有过去,有未来,好像坐在窗户里看流水,看不到来处去处,但自有来处去处。

有的选本将这首五言古体诗和另一首五律("幽人不倦赏")

归为一组,但刘学锴先生认为另一首诗真实性存疑,我也同意他的观点。那首"幽人不倦赏"是典型文人式的诗作,带着独特的人群特质,写的也是特定环境下的情怀;而"八岁偷照镜"却是去身份化的,它有情节,却没有依赖情节。在这首诗里,本事并不是那么重要,因为李商隐已经写出了一种菩萨低眉式的大悲悯:它的情绪面更广大,可以代入任何的分类组别——它如此完整,故而身边已经不再需要一篇比它窄小的诗来呼应了。

有人认为这首诗是李商隐对自己怀才不遇的自伤,也有人说他是单纯在怜惜一个少年时代的恋人或者女性亲属,每个说法都可以自圆其说,但都把这首诗看小了——这首《无题》的写法并不属于组诗。它有自己的呼吸,也一直在和读者对视,但同时,它并没摆出接招的动作来,所以当然也就不再需要这个绣球。

所以我们应该理解这首诗为什么不取题目。找到一个符合语境的题目并不难,比如《闺情》之类都不算错。但题目一旦挂出来,这首诗的写作情境就会被限制在题目里,开放空间也就随之变小了。反过来,如果他老实承认这首诗并没有写作场景,题为"拟作",诗中的情境描写又会让读者彻底丧失相信感。倒是像现在这样放弃解释,亦真亦幻,会让这首诗的普适性更强。

这种介于真实和拟作之间的诗,就是单独成篇的无题最合适的样子。

说完单篇,接下来我们从相对规整的范本入手谈谈组诗。

无题二首

其一

凤尾香罗薄几重,碧文圆顶夜深缝。
扇裁月魄羞难掩,车走雷声语未通。
曾是寂寥金烬暗,断无消息石榴红。
斑骓只系垂杨岸,何处西南任好风?

其二

重帷深下莫愁堂,卧后清宵细细长。
神女生涯原是梦,小姑居处本无郎。
风波不信菱枝弱,月露谁教桂叶香?
直道相思了无益,未妨惆怅是清狂。

两首诗都是七律,结构简单,俯仰成组,所以也不需要很复杂的呼应,只要顺利完成一入一出,就可以轻易建构两首诗之间的关系。

现在我们一首一首来看。

第一首诗是从场景入篇的,它的第一联就难倒了很多人。现代人和唐代的生活相隔久远,很难对逐个名词准确做出对应还原:有人认为"凤尾香罗"是织有凤尾纹样的薄罗帐,说这句诗是在写女主角一边缝床帐子,一边回忆爱人和自己共眠的场景——但其实我们都大致知道唐代床的样子,正常的床帐并不是圆顶的。

我比较赞同的说法是,这个"碧文圆顶"其实是青庐。

唐代新娘出嫁这天,夫家会在住宅的西南角"吉地"露天搭起一顶青色的圆顶帐幕,这就是青庐。新娘过门来到夫家后,会从毡席上一路走入青庐,与新郎行交拜礼。这是从北朝少数民族继承的传统,青庐也因此成了婚礼的必需品,通常随附在嫁妆里,由新娘亲手缝制。有的人家直接用青布裁制,讲究些的则会用碧色波浪纹的罗纱,在圆顶收束的地方缝成凤尾样的褶痕——这就是所谓的"凤尾香罗""碧文圆顶"。你看,开篇这一联的场景很有故事性,却并不像很多人理解的那样香艳:深夜里,一个女孩子正在亲手缝制出嫁要用的青庐。她已经不用再说一句话、再做一个表情,就抓住了读者的心。

颔联里,这首《无题》的婚嫁基因进一步显现。"扇裁月魄羞难掩",扇子本也是婚礼必备的一样道具:新娘出嫁时,手中全程持一把扇子遮面,直到婚礼完成才能在新郎请求下放下扇子,这就是我们熟悉的"却扇"。李商隐曾代人写过却扇诗,其中有一句"若道团圆似明月,此中须放桂花开",这可以和"扇裁月魄羞难掩"参照来看，它们都在用明月比喻团扇。既言"难掩"，更可见这把扇子眼看就要放下，婚礼也即将完成了——但从下一句"车走雷声语未通"，我们却看到了事实："却扇"只是女孩子缝制青庐时的想象，并没有真实发生。事实上，两个人远距离分开了，且离别时很仓促，连一句话都没来得及说。

颈联是我们之前曾经提过的"曾是寂寥金烬暗，断无消息石榴红"。深夜里，这个缝青庐的女孩子独坐到灯烛灭了，灰烬里都没有火星了，仍等不来对方的消息，她也只能一杯一杯喝着象征多子多孙的石榴酒，等着爱人归来。于是，我们看到了尾联"斑骓只系垂杨岸，何处西南任好风"的两个典故：前一句是"陆郎去矣乘斑骓"，说这个男子走了；后一句用了"愿为西南风，长逝入君怀"：你不回来，我怎么扑到你的怀抱里去呢？

从内容上看，这首诗是用女性视角写的。一个渴望出嫁、等待着夫家消息的女孩子早早准备好了嫁妆，幻想着婚礼，但就是等不到一个准确的日期。这场等待始于一个特定的场景，走过美丽的想象，走过孤独的现实，最终来到了一个《边城》式的开放结局：这个男人可能不回来了，也可能明天就回来。

这首诗的情绪和情节都非常完整，但作为组诗其一结束在此，读者当然会心有不甘，进而盼望知道那个男子到底是怎么想的。

于是第二首诗就开启了男性的视角："重帷深下莫愁堂，卧后清宵细细长。"

我们前面说过莫愁这个形象来自梁朝的民歌《河中之水歌》:"河中之水向东流,洛阳女儿名莫愁。莫愁十三能织绮,十四采桑南陌头。十五嫁于卢家妇,十六生儿字阿侯。"这是个无忧无虑而很有福气的女孩子。

诗始于莫愁的居所,但不同于第一首的是,李商隐的陈述视角并不在室内,而在室外。莫愁住的地方"重帷深下",外人完全看不到她在不在、在做什么。在这种不确定的情境中,时间也就过得很慢、很细密,各种各样的想法都会涌到脑中来,失过眠的人应该都有这个体会——这就是"卧后清宵细细长"。

这个睡不着的夜里他在想什么呢?"神女生涯原是梦,小姑居处本无郎。"

神女,是个站在时间之外、恒定却又握不住的意象:襄王神女,云雨巫山,美而不能拥有,所以说"原是梦"。而小姑则正相反,是个年轻的、清晰的、可以追求甚至拥有的形象。李商隐特地在注解里点出"古诗有小姑无郎之句",这指的该是《神弦歌·清溪小姑曲》里的句子:"开门白水,侧近桥梁。小姑所居,独处无郎。"

以前的情缘很美好,让人沉溺,但都是虚幻的,而正在这一片虚幻之外,还有一个很干净、没有任何过去的女孩子在她自己的小世界里自得地住着。这样看去，颔联就有一点今是昨非的意思：现在是真实可触的，而过去是暧昧虚妄的——这个睡不着的晚上，他就这样今昔交错地想着。

下面我们来到颈联："风波不信菱枝弱，月露谁教桂叶香"——又是一组对应。

菱枝就是湖水里菱的叶子。住在水边的女孩子常会唱着歌儿去采菱，而她们唱的歌儿也往往被以《采菱曲》的名目收采流传。这些小调大多轻快婉转，无忧无虑，由此我们也能看出这句诗担忧的底色：居处无郎的小姑是纯净的，但同时她也太幼嫩娇弱，太容易被风波摧残了。娇弱的菱枝不能持久——它和不知什么时候会来的风波一样充满了不确定，而"月露谁教桂叶香"则正相反：月宫里有桂树，因为月亮的永恒，所以桂树的香气虽虚幻而不可触，却会在望月的人心里一直存在——这是他对"神女生涯原是梦"的重行辩解。

两联之间，李商隐完成了一次很完满的交错——不但意象搭配是交互的，思考方向也在持续自我否定，这种手法他此后还会在《锦瑟》中重用。颈联的顾虑非常明显：眼前的这个女孩子这样纯真清澈，好像一张白纸。她这样无邪，将来能不能抵挡世界上的风波呢？她能陪我多久？而昔日错失的那个女子却这样暧昧、朦胧，我不知道她的从前，也不可能拥有她的未来，但正因如此，她反而是永在的。

在这个睡不着的晚上，李商隐一直在过去和现在、短暂的拥有和长久的相望中间权衡。最后他说："直道相思了无益，未妨惆怅是清狂。"这种清狂反复的思量终究是没有用的，它不能阻碍我的惆怅，一分一毫都不能。

说到这里你当然看得出，我在解读中把这两首诗的创作时点推定在了李商隐被许婚后那段不确定结果的虚悬期里——证据当然是第一首诗里那些明确的婚礼暗示，以及他写给韩瞻投石问路的"我为伤春心自醉，不劳君劝石榴花"。时间点确定后，第二首诗的情绪就不再难以破解：月露、桂堂、彩蟾，都是他写宋华阳时最常用的比喻，结合上一联"神女生涯"的说法，现实情感的对立面也就自然呼之欲出了。

在这个设定下，我们可以进一步思考这两首诗的关系：首先，它们在视角上是相互映照的，其一是女性的思念，其二是男性的自陈，两个半环拼成了一个圆形，就形成了场景不同却能呼应的两个独幕剧。其次，它们又有剧情的串联关系：第一首诗引入问题，说有个待嫁的女孩子一直在思念一个人，等待一场婚礼，但这个人一直没有归来，他在哪里呢？于是第二首诗回答问题，说这个人正想着女孩子"重帷深下"的居所，满腹心事，难以入眠——他忘不掉自己的过去，期待将来却又怕辜负了将来，直到最后他还是想不出个所以然来，并为此深深惆怅。第二首回答了第一首的疑问，却又引发了新的问题：他最终要不要回去呢？又回去了没有呢？这个问题，其实第一首又可以给出正向的激励和反馈。

两首诗都是患得患失的。它们一入一出，剧情套剧情，又如出同源，探讨的都是爱情的不确定性：其一是在担心得不到，其二则是担心得到了也留不住。

这就是这组诗最终的结构搭建。

好，如果你认同了我的说法，那么我们现在就可以告别这个解读了。

我自己当然很喜欢这个解读，但我更希望你意识到，我放在这两只狮子中间的绣球——也就是婚嫁未成的主题和背景，只是我通过意象、李商隐的生平、写作习惯、感情线和人际交往种种因素推测出来的，而我对它们之间结构搭建的判断依据，也是在这个推测框架下做出的典故诠释和文本分析——里面任何一环出了问题，这个推论都可能立不稳。比如，倘"凤尾香罗""碧文圆顶"并不指青庐，又若"断无消息石榴红"亦与石榴酒无关，而只是喻指石榴花开的六月，那么它就不再能和婚礼产生关联，后续所有的推论也就都可以轻易被掀翻了。

从概率论的角度看，我不能否认这种可能。

其他人也有其他的解读。比如，有人认为这两首诗都是李商隐写给令狐绹的,是在用女子恨嫁来比喻自己希望得到他的提携和顾念。此外,也有人说是写给幕主柳仲郢的,当然更有人说是写给宋华阳的。——这些绣球的大小、位置、角度,都和我的王氏女儿说截然不同,虽然这些推导链中都多少有一些环节我不能完全同意,但每个说法背后,都有能认可其逻辑的读者群——而只要言之成理,就也很好。这说明它的圆心已经扩散出了沉甸甸的边界,也即是说,在多解性这一点上,李商隐这两首《无题》是成功的。

今天就聊到这里吧。单篇的菩萨低眉和多篇的狮子戏绣球,不知道你会更喜欢哪一种。不要着急,后面还有它们的升阶版。明天见。

第十日

李商隐《无题》中的中国式审美

来是空言去绝踪

今天,我们一起来看看体裁搭建上相对复杂的这组《无题》,也就是由两首七律、一首五律和一首七古共同构成的《无题四首》——我们还是一首一首去看。

第一首比较有名:

> 来是空言去绝踪,月斜楼上五更钟。
> 梦为远别啼难唤,书被催成墨未浓。
> 蜡照半笼金翡翠,麝熏微度绣芙蓉。
> 刘郎已恨蓬山远,更隔蓬山一万重。

诗作的大意都在纸面上:天将拂晓,主人公在等一个答应了要来却最终没来的人。两个人距离太远了,即使在梦里,也让人很难心存期待。在这场等待即将结束时,他匆匆写了一封信,却不知能不能送到她手里。爱人在做什么呢?在主人公的想象里,她在绣着芙蓉花的床帐里点起灯，拥着翡翠鸟颜色的被子独坐。帐外麝香的气味慢慢透进去，极为华贵，也极为清冷。想着想着，他无奈地叹气：凡人去蓬莱仙山求取长生，本就是妄想，而我们之间更隔着一万重蓬山的距离，只怕真的是永远不可能见面了。

　　要提醒的只有一点：这里的刘郎指的大概率不是刘阮上天台里的刘晨，而是寻仙问道的汉武帝刘彻。前面我们说过，李商隐对《汉武帝内传》有很独特的偏好，而武帝寻仙除了对长生的追求外，更有凡人男子和女仙相会的暧昧感——白居易作《长恨歌》开篇用汉皇来借指玄宗，和后面求仙问情的故事就同属一个语系。理解到这一节，回头再看"来是空言"就能感受到诗中的怨了：主人公深切地感受到在时间和空间的维度上，自己和爱人的不对等。如果你本来就知道我们再也不可能见到，为什么还要给我这么一句"空言"呢？

　　如果熟悉李商隐的其他诗作会知道，这句"空言"并不是他凭空想象出来的——确实曾有人给过李商隐一份"来"的期待，证据就是尾联里的"蓬山"这个意象。从另一首《无题》（"相见时难别亦难"）中的"蓬山此去无多路，青鸟殷勤为探看"可以看出，李商隐曾经对"未死思一面"的结局满怀信心，但不知中途又遭遇了什么变故，到这首"来是空言去绝踪"里，仙凡的距离感再次被无止境地放大了。"更隔蓬山一万重"，他认为自己的生命长度不能覆盖两个人的距离,于是对重会也就彻底绝望。

所以这组诗刚一开篇,主题就很沉重:相思,而永不可得。看到这样的起首,读者大概率会默认作者在用倒叙,所以第二首就该回正了。是不是呢?我们接着往下看:

飒飒东风细雨来,芙蓉塘外有轻雷。
金蟾啮锁烧香入,玉虎牵丝汲井回。
贾氏窥帘韩掾少,宓妃留枕魏王才。
春心莫共花争发,一寸相思一寸灰。

先看诗立足的时点。第一首诗的发生时间是"月斜楼上五更钟",是黑夜和白昼的交汇点,而第二首诗说"飒飒东风细雨来,芙蓉塘外有轻雷",则是冬天和春天的交汇点(立春、雨水这个时候)。拂晓是梦的临界,第一首的端点代表了愿望的结束,万物在春雷里复苏;第二首的端点则代表了希望的开始——雷和车声同属震卦,轻雷很容易让人联想到《阿房宫赋》中的"雷霆乍惊,宫车过也",就更有了对远人归来心存期待的意思。

从时间点的维度来看,第二首诗从前一首破碎的结局闪回到了梦的起点。从结构上讲,这确实是倒叙手法。

下一句:"金蟾啮锁烧香入,玉虎牵丝汲井回。"这一联是有点难懂的,在各类选本的评注里也是众说纷纭,莫衷一是。

有人说"金蟾"是指一种蟾蜍造型的香炉,烟是从蟾蜍口中吐出来的,蟾蜍喉咙处有个开闭的小钮,所以叫"啮锁";而"玉虎"是指井上辘轳的把手,上面有个玉制的封套,雕成了虎的形状,辘轳引水,所以叫"牵丝"。也有人说"金蟾"是引用了令狐楚的"金蟾著未出,玉树悲稍破",是李商隐在借机跟令狐绹致意。更有人解不开关联,索性就搁置了其中的一部分,说这句诗重点不在"金蟾"和"玉虎",而是在啮锁而入、牵丝而回,与后面"贾氏窥帘韩掾少"互文,是单纯地在描写偷情,只是故意加入了华贵的名词去乱人视线。还有人说这里的"烧香""牵丝"只是谜面,谜底在于"相思"的谐音——从创作视角来看这种说法比较无厘头,就不多加延伸了。

我当然也有我的解释。

首先,我认为香炉的说法是站不住脚的。此说来自清人高似孙的推论,原话是:"云是香器,其言锁者,盖有鼻钮,施之于帷帱之中也。"说后面既提了烧香,所以金蟾一定是个香器;又说了锁,那估计是有个鼻钮——这个推论的唯一例证就是这首诗,形成了一个循环内证,它把文字落得很实,但目前并没有看到很贴合的出土文物来证明,更多是根据诗的上下文展开的猜想——如果"金蟾"确指香炉,那么虽然"烧香"可解,但"入"是说不通的：什么香都不会从外向里烧。

我个人推断金蟾与此前的彩蟾一样，还是指月亮，而所谓的"金蟾啮锁"，则和《月夜重寄宋华阳姊妹》里"十二城中锁彩蟾"意思相类，都是指月宫中的仙人想出而出不来的困境。

烧香本是修道之人用来和上天沟通的一种方式，唐人有很多写焚香拜月的诗歌，比如贯休《夜夜曲》里的"芙蓉喷香蟾蜍高"，说香一直在焚，但月亮越升越高。李贺的《荣华乐》里面也有"金蟾呀呀兰烛香"，这个"呀呀"是车轮的声音，通"轧马路"的"轧"，和《夜夜曲》意思相似：香不断在燃，月亮却越走越远。烧香而不入的困境，是修道之人无法避免的，但回到这首《无题》，我们能从"入"字看到一个相对乐观的预期：仙子被锁在月宫里，而外界的人通过焚香，还是可以把自己的心意传达给她，这和"青鸟殷勤为探看"的意思是接近的——凡人可以寄希望于使者或媒介向仙家传递感情。

再看对句。玉虎因为"汲井"被理解为辘轳也是附会的结果，之所以会出现这样的误读，我认为原因在于大部分学者对井有所误解。结合李商隐自身的阅读和生活背景来看，这个井恐怕并不指水井，而是指道教修炼用的丹井。五胡十六国时代前秦的《拾遗记》中写仙人之国颇斯国的段落里，就写到了所谓"牵丝汲井"的本事：说颇斯国有丹石井，地下的泉水常年沸腾翻涌，仙人要饮水得用长绳提上来，国内其他人也会用自己的头发编成绳子，从井中汲水来喝，以求飞升——你看，前面说烧香，后面转到了炼丹。在道教的说法里，虎属金，是体内静极而动的先天阳气，所以这句诗其实和"应共三英同夜赏"一样，是在写炼丹修炼，希望能早日飞升成仙，得以靠近恋人。

颈联"贾氏窥帘韩掾少，宓妃留枕魏王才"在理解上就没有什么歧义了，只是两个常规用典：第一个典故写韩掾与贾充的小女儿幽会，后因身上的香气被贾充发现，玉成好事；第二个典故是指曹丕把甄宓生前用过的枕头赠给了曾经为她写下《感甄赋》的弟弟曹植。两个用典的寓意很明白：它们所写的，都是阻隔之下的相思。

韩掾和贾氏是空间和身份上的隔绝，甄宓与曹植则是伦理乃至仙凡间的阻隔。选定典故后，李商隐在剪辑时也格外花了心思：一出一对，这个故事的起点，对应着另一个故事的终点，一句诗里，我们同时看到了一个充满希望的开端和一个充满遗憾的结束。

万物初生的春天，两个有情的人相互动了心，为了能在一起，男子付出了很多努力，但最终还是没能迎来一个好的结局，所以最终李商隐给出了结句："春心莫共花争发，一寸相思一寸灰。"

庄子在《齐物论》里有个很著名的价值论断，叫"形如槁木，心如死灰"，说一个学生问老师："形固可使如槁木，而心固可使如死灰乎？"老师回答了一句"今者吾丧我"。这是庄子推崇的境界，也即所谓无物无我，不为所动，和自然融为一体，和我们日常说的灰心还不太一样。所以要澄清的是，和很多人理解的不同，这句话并不是赌气的阐述：说早知道注定要灰心，还不如当初不相思了。它是李商隐的自我劝慰：不要因为春天万物萌动而轻易动心，如果能做到心如死灰，不因外物变化而动，认识到一切命理都是自然，就能彻底远离现在的烦恼了。

看完这首诗我们再回到最初的问题，你可能会得到不一样的答案。和第一首单调的幽怨、绝望相比，第二首的情绪丰富很多，并不是一个简单的倒叙。它从希望写到失去，最终回归到自我慰藉，好像重新吟唱了和第一首诗相同的调式，只是第二遍的演绎增加了一些衬音声部和尾音变调，可以带给读者一种宏大而有回力的哀愁。

中国的审美里，如果只有无止境的绝望和发泄，那叫往而不复，是不够高级的。《笑傲江湖》里，刘正风就向曲洋这样吐槽过师兄莫大先生的胡琴，说一味往催人泪下的路子上走，格调太低。

高水平的艺术家必须要有自我劝慰和自我救赎的精神，有漩涡里挣扎着仍要维持优雅的自觉，才能够展现出更深刻的内容来。

下面我们再看第三首。这是一首五律——两遍同样旋律的加强之后，组诗出现了一个新的小节，风格转向短促古朴，像蜜蜂的腰部突然收束起来，减少了技巧的使用。

起句"含情春婉晚，暂见夜阑干"，"婉晚"是黄昏日暮的意思，你看，其三出句写的是春天的结束，映照第二首的结尾；对句则写的是夜晚的结束，映照第一首的开头，开篇十个字分别截取前两首诗一头一尾两个段落，不但交代了这首诗的时点，也迅速带出一个短暂又全面的回忆和复盘，完成了对前面两首诗的承接。

呼应动作完成后，颔联引入了新的剧情："楼响将登怯，帘烘欲过难。""将登"是要上楼，想靠近；"欲过"则是要走过，想远离。但一怯、一难，又把这两种想法做了挽回：想靠近你，但又怕上楼时楼梯发出响声，惊动了别人；想若无其事地离开，但看到帘子里的灯光知道你就在那里，天都快亮了还没有睡，我又怎么能走呢？

这种进退两难的情绪延展得十分细腻，场景也非常真实：对楼梯会响的担心，对帘子里光影的不舍，这种微妙的体悟是不太可能纯靠想象完成的，而是要依托经历。我们可以理解为，在前面两段对失去的反复咏叹之后，作者终于开启了点到而止的回忆——即使在回忆里，两个人也没有完成真正的同框。

颈联他用了两个典故："多羞钗上燕，真愧镜中鸾。"如果你读的诗词多,可能经常会看到这两个组合。

钗燕,是传说中神女留给汉武帝,武帝又送给了赵婕妤的玉燕钗。物久于人,燕钗常新,持有它的人却入了陵园。昭帝年间,匣子打开,这只钗变成真正的白燕子飞走了——钗燕是神仙对人间感情的祝福,看到了美好的结局,它的使命也就完成了:李商隐有《圣女祠》七律称"寄问钗头双白燕,每朝珠馆几时归",用的也是这个典故。前面既说"多羞",此句当是自惭没能和心爱的人在一起,迎来一个好结局了。

镜鸾也一样——鸾这种鸟看到同类才愿鸣叫,人们为了听它的叫声,往往在它旁边放一面镜子,鸾鸟看到自己的影子以为是同伴,就会开始啼鸣。因为这个传说,镜子背面常雕饰鸾鸟的纹样,象征夫妇合好,而既言"真愧",则显见爱侣离散之意。

颈联用两次否定延续了颔联去留两难的心情,隐约可以看到"我这样犹犹豫豫,真是不配和你在一起"的意思。而我们可以在尾联看到他彷徨之后的选择:"归去横塘晓,华星送宝鞍。"站到天将亮时,他还是走了。"华星送宝鞍",又是一组天上与人间的意象,好像是特指那座小楼上灯光里的人,在高处的光亮里看着他离去了,有一种非常哀婉的默契。

第三首诗写的是非常清晰的回忆。这首诗里,李商隐没有用"来是空言去绝踪"那样高来高去的云雾变化,也没有用"玉虎牵丝汲井回"这样复杂的道教术语。他就是很老实地复原了两人某次错过的场景,并且以小见大,回应失去的主题。而正是要这样的本分,才能把前面宏大的情感落到实处。

写到这里,是你的话会怎么设计后续的呼应呢?我们来看看李商隐的结法。

其四,是一首仄韵七言古体诗。

> 何处哀筝随急管,樱花永巷垂杨岸。
> 东家老女嫁不售,白日当天三月半。
> 溧阳公主年十四,清明暖后同墙看。
> 归来展转到五更,梁间燕子闻长叹。

不知道你能不能感受到仄韵七古和七律的区别。七律在写法上是有建筑感的,森严而对称,所以读下来就不会一气直下,而有点像抄手回廊,有迂回,围着一个中心走曲线,这个明天说《锦瑟》的时候我们可以展开聊聊——而不换韵的七古却像瀑布一样,走的是直线,几乎不呼吸,节奏上也不作折转。

逐句分析之前,我想先请你关注一下这首诗的叙述视角和其他几首的不同之处。前几首诗都在是封闭环境中的往复徘徊:诗人在小楼上或庭院中看月亮或想心事,总之都是静态的、自我的;

而这首的视角却相对开阔,叙述者的身份也变了:说话的人不再是男子,而是一位宫中的女郎。

"何处哀筝随急管,樱花永巷垂杨岸。"永巷是宫中那种长长的巷道,和长门算是同类意象,都是写失宠后妃的常用衬语。在诗的开端,永巷两边的樱花开了,主人公的春心也随之萌动。问"何处",说明女主角听到的管弦声并不在她所处的空间内。她听着这些繁复急促的曲拍,想象着它们应该来自外面的杨柳堤岸,属于那些出来春游约会的男男女女,心事随即就回到了自身:"东家老女嫁不售,白日当天三月半"。

"东家"来自《登徒子好色赋》中的"东家之子",宋玉用了很华丽的一串修辞描摹其美,而李商隐诗中,女主角却用"东家老女"自比,这里面既有自高又有自怜:我虽然这么美,但一直没能嫁人,如今年华已经在最盛的时候了,再往后就是下坡路了,该怎么办呢?为了强调这种迫切,他连用了两个时间点来渲染她容貌和年龄的窘境——"白日当天三月半"。太阳在正午,春天走过了一半。这是现在的情境,同时也是这个女孩子的处境,没有任何修辞,但非常响亮而震撼,有一种宏大的悲哀感。

写到这里,话锋一转:"溧阳公主年十四,清明暖后同墙看"——一个十四岁的小姑娘,也和她一样在看着墙外的世界。

要理解这句话是什么意思,我们得先知道溧阳公主是谁。她是南朝梁简文帝的女儿，十四岁这年梁朝发生内乱，父亲皇位被篡，迫于无奈，她嫁给叛臣侯景做妃子。三年后，侯景被杀，肉也被腌成一块一块分给大家吃了，溧阳公主为了自保，也不得不要了一块丈夫的肉吃了下去。

这是个非常可怜的女孩子，她倒是很早就嫁出去了，但命运是比嫁不出去更为不幸。诗中的公主"年十四"，正是刚刚被侯景霸占的年龄。女主角想到一个同样美丽的春天里，这位凄惨的小公主也曾这样向往着外面的世界，却一辈子也走不出去了，就感受到了一种更广阔而无处逃避的伤感。于是诗走到了结尾："归来展转到五更，梁间燕子闻长叹。"她想着自己的命运，直到五更都没有睡着。命运从前没有厚待她，将来可能更不会——命运可能从来就不会厚待任何人。这样想来想去，她就只能长长叹一口气。梁间的燕子是成双成对的，它们不明白这个女子为什么在发愁，就只是空茫地听着她的叹息，飞来飞去。

诗从白日当天的正午，写到夜间的五更，时间线就又和第一首诗的"月斜楼上五更钟"形成了一个回环——同样的五更天，男主人公在等待，女主人公在叹息。他们都面临着没有希望的未来。这样，就再次形成了一重更大的交响。

现在我们可以回过头来再看一遍这组诗了。它分为三部分，前两部分是男性视角的近体诗，其中前两首七律从思念寻觅写到绝望，再从绝望里找到从深情超拔到无情的自我劝慰。两重回旋，是命运式的咏叹。而第三首五律则把虚化的情感落到了某个真实的夜晚，从概念走到实处，形成了一个叙事性的折冲。前两部分的三首诗中男性视角的诗歌层次非常丰富，是倒叙、正叙走向插叙的一个多向的反思。第三部分，也就是第四首七言古体则切入了女性视角，大开大阖，所有动作都非常简洁有效。诗是不换韵的仄韵七古，每一句的语调都在下坠：女子在看似暖融融的情境氛围里无尽地跌落，没有任何能供她攀扶或者挣扎的触手，无论从内容还是从节奏上，我们都能感受到这种绝望。

体裁的变化让两个不同的陈述者拥有了不同节奏的时间流，男性的慢，女性的快，这也和"刘郎已恨蓬山远，更隔蓬山一万重"仙凡之别的感受是完全一致的。

这组诗不但实现了《秋兴八首》那样多幕的情境穿插，也因为体裁的多样，引入了独白者的身份变化、时间流速的变化以及叙述尺度的收放感，形成了一种微缩版西方式神话史诗的视听效果。这在我们的古典诗歌里非常少见，但从最终的呈现上来看，也意外地成功。这组非常奇特的诗，是很值得反复玩味的。

对比之前的无题诗，不知道你对这组诗的感受如何。如你所见，我把绣球抛给了宋华阳的感情线，那么现在，也建议你彻底忘记我的解读，试试用流行的令狐绹说、君臣说等角度重新去看一看这组《无题》，进一步去感受一下它丰富的多维空间。

我们明天见。

附　　　　　无题四首

其一

来是空言去绝踪，月斜楼上五更钟。

梦为远别啼难唤，书被催成墨未浓。

蜡照半笼金翡翠，麝熏微度绣芙蓉。

刘郎已恨蓬山远，更隔蓬山一万重。

其二

飒飒东风细雨来，芙蓉塘外有轻雷。

金蟾啮锁烧香入，玉虎牵丝汲井回。

贾氏窥帘韩掾少，宓妃留枕魏王才。

春心莫共花争发，一寸相思一寸灰。

其三

含情春晼晚，暂见夜阑干。

楼响将登怯，帘烘欲过难。

多羞钗上燕，真愧镜中鸾。

归去横塘晓，华星送宝鞍。

其四

何处哀筝随急管，樱花永巷垂杨岸。

东家老女嫁不售，白日当天三月半。

溧阳公主年十四，清明暖后同墙看。

归来展转到五更，梁间燕子闻长叹。

第十一日

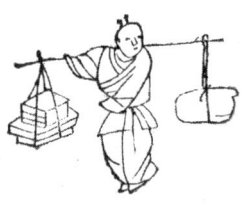

有题目的无题：《锦瑟》

锦瑟无端五十弦

前面我们用了三天聊《无题》，今天就给它做个延伸吧：我们聊一首有题目的无题——《锦瑟》。

宋版《李义山诗集》开篇就是这首《锦瑟》，所以它的地位是高于所有无题诗的，甚至可以称得上是李商隐的创作标签。很多人都曾借这首诗的筏子吐槽多解式诗歌的难懂，如元好问有一首诗说"望帝春心托杜鹃，佳人锦瑟怨华年。诗家总爱西昆好，独恨无人作郑笺"，前两句就是从《锦瑟》里拆出来的——他说我非常喜欢李商隐的诗，可惜没人能告诉我它到底写的是什么。清人王渔洋有一句"一篇锦瑟解人难"，也是类似的态度：看不明白。

史上对《锦瑟》的解读可谓五花八门。比如岑仲勉说这是"唐室之残破"，写的是唐武宗之死；张采田说它是李商隐托物自伤，回忆的是自己的际遇。宋人诗话中有一则没头没尾的记录，说令狐楚家有侍女擅弹锦瑟，能作"适怨清和"四曲，钱锺书见到后便援引过来，说《锦瑟》中二联所托就在这四曲，所以这是一首怀人兼咏物诗——从这个论断，又有人引申出李商隐或许和这个侍女有一段感情，从而指出《锦瑟》实际是一首情诗。这个说法的接受度很高，但对情诗的对象也莫衷一是，侍女之外，宋华阳自然难辞此任，而此后又有人自李商隐《房中曲》里的"锦瑟长于人"，推断这首诗是怀念妻子的：譬如清初学者朱彝尊就认为它是一首"埋香瘗玉"的悼亡之作。

此外，又因为它被置于全集的开篇，也有很多人认为它是李商隐晚年对自己所有诗歌的总结，也即编定诗集后自作的一首诗序——近年很多论文就都延用了这个说法。基于同样的理由，高阳先生更提出诗集既是送给令狐绹的，用这首诗开篇，也自然有其目：他认为中二联隐写了二人的四件往事，是一首以回忆过去为名的乞怜之诗。

对于李商隐诗歌的多解性，我们前面已经讨论过很多次了，不作为这一节的重点。今天我主要想从七律创作的角度出发，讨论一下这样的诗是怎么写出来的，又为什么会出现这种"一篇锦瑟解人难"的情况。

说《锦瑟》之前我们得先谈谈七律。

作为唐代考试行卷文体，近体诗是一种标准化的产物。我们前面说过，它和讲规矩、讲形制的古代建筑有一定的相似之处，所以，我今天就简单类比一下，用四合院打个比方。

我们都知道律诗有四联八句，标准化的作法是起承转合，每一联有每一联的功能。比如，开篇的首联要有一点格挡，不能中宫直入，就好像四合院的门一般不会开在中路，而是要向东南角巽位绕一下，也就是所谓生门。这么做的本意其实是要把板正的格局破一破，让人走进去前心里存着期待，而不要门一开，所有景色都一览无余。

中间两联是要对仗的——林妹妹教香菱作诗时有个说法叫"实的对虚的，虚的对实的"。这个虚实有点类似拍照，上联用了细目，下联就适度虚焦，有主次，有远近，对照分明，就会比较好看。说得具象一点，对句就像两个武林高手拆招，对方一拳打过来，如果我也是硬碰硬地回一拳，那就变成比拼内力，一把定输赢了。比较好看稳妥的打法当然是你打过来时我先把锋锐避开、力道卸掉，再对你重心不稳的地方进行回击，这样两边才能可持续地拆解起来。我们可以想想《红楼梦》里宝玉住的怡红院。之所以题"怡红快绿"，是因为门两侧一边种了芭蕉一边种了海棠，相互烘托，绿肥红瘦。如果换成两棵修剪得整整齐齐、一模一样的树，那就是西方几何形庭院的设计了，不符合我们东方人的审美。

对句内部的关系说完，你还可以再想想：同样是对仗，颈联和颔联之间的关系又是什么样的呢?民宅建筑有个传统说法叫外堂内寝,代入律诗,就可以理解为一联写情、一联言志,有个内外分别——所以说,两个对子互相之间应该也有虚实照应。

好,现在我们从两进厢房里走出来。一般来说,看律诗作者是否为新手,可以看他尾联的上句,也就是第七句怎么处理。尾联一般不用对仗,所以第七句要用一个非稳定结构把前面的稳定结构担负起来,再传交给尾韵。这当然需要诗人在前面就留下伏笔,下好钩子,否则凭空重憋单句,是不可能稳的。

最后一韵可以看作后罩楼。把屋子的整个动势收拾干净,不把气泄出去。这样就是一座相对完整的四合院了——当然,代换回来说,也就是一首比较完整的七律了。

这是七律的标准化写法,也就是古玩行常说的"入行先看标准器"。你要知道常规的七律怎么写,然后才能去看李商隐怎么破。

现在来看这首《锦瑟》。刚刚我们说标准的七律首联应该稍有一点遮挡,入手不能太过平白。但看《锦瑟》你会发现,如果把"锦瑟"视为诗题,这首诗偏偏是非常开门见山的。

"锦瑟无端五十弦。一弦一柱思华年",一联之间,把他要写锦瑟、锦瑟是什么样子、他看到锦瑟想到了什么都直接呈现出来了——而如果你熟悉李商隐的咏物习惯会觉得很别扭,因为他平时并不这么写诗。

比如，他写牡丹花时首联是这样出的："锦帏初卷卫夫人，绣被犹堆越鄂君。"子见南子和越人歌两个典故，一句写花，一句写叶，却不着一语在花和叶上，更绝不会开篇就把牡丹的名字点出来——开门入题的写法会让全诗重心失衡：由于首联承担了题目的职责，后面的句子就不得不转而为它打工，这种关系并不健康。虽然后来也有诗人会故意先声夺人，但李商隐并不喜欢这样众星拱月的写法。他的七律非常重视均衡，从不喜欢以句夺篇，而是让每一句诗各司其职，搭建得很有整体感。

那么,李商隐为什么要这样启动一首律诗呢？首联如此一出，锦瑟这个题目的余意不就全被耗尽了吗？你可以想想换你后续还能怎么写——写完锦瑟的样子、寄托，是不是后面要开始写音声、琴上的花纹？写完实的再去就虚，颈联用典故表达一下感情，尾韵收束一下，这可能是大多数人能想到的咏物诗的最好写法——我们看一看李商隐是如何处理的。

诗的颔联是"庄生晓梦迷蝴蝶，望帝春心托杜鹃"：锦瑟的影子到此突然失踪了，李商隐用两个全然无关的典故开启了新的空间。

"庄生梦蝶"是我们很熟悉的故事：不知是庄生梦蝶，还是蝶梦庄生，庄子用梦为全然不同的两种生命体态建立了联系，劝人不必执着于一时的表象与拥有。提醒一句：这句诗的时间点是

"晓"。晓梦是什么意思呢？天要亮了，梦快醒了，继以后面的"迷"字，就形成了一个氤氲的视觉效果。李商隐特地把镜头停在了形态即将转换的交点：庄生马上就要变成蝴蝶了，他从前的生命、思念，都将不再重要。

"望帝托鹃"也是一个典故。依《史记》记载，望帝名叫杜宇。他在蜀国称帝，把国家治理得很好。某年蜀中水患，他请宰相鳖灵去治水，却在这期间爱上了鳖灵的妻子，与她私通了。为此，望帝非常愧疚，觉得自己德行有亏，于是在鳖灵治水归来后，把皇位禅让给他，离开了蜀国。他离开时，杜鹃鸟一直在啼叫，蜀地传说他变成了杜鹃，叫的是"不如归去，不如归去"。诗中的"春心"可以对应两个时点：一是望帝与鳖灵妻子私通的那个春天，是指无法控制的爱情萌发；一是指此后有杜鹃啼叫的每个春天，这是不能推卸的往事追悔。

回到这一联，对比这两个典故，你会很轻易地发现它们的共性。它们都包含了从人到动物的形态转化，也就是所谓的同物：庄生变成了蝴蝶，望帝变成了杜鹃，而这两次同物，意义上又有不同："庄生梦蝶"给出了一个变化的预期，而"望帝托鹃"则认为：即使放弃了原有的身份，托身于截然不同的形态，灵魂仍是灵魂。在一个相似的春天里，它仍会苏醒，然后不断触动、不断相思，也不断回响。

与其说这两联是在写锦瑟，倒不如说是顺着"思华年"的情绪，在进行不断地自我否定和情感加重。"庄生梦蝶"是对"思华年"的否定：一弦一柱，刻度般记录下了所有的时光，而此生此身都是虚幻的，人随时可能走入一个完全割裂的新生，那么记录的意义何在？而"望帝托鹃"又随即展开了对"庄生梦蝶"的否定：即使走入新生，前事依然是不可忘的。每个平行时空里都有一个神秘的机括，会不断启动同一种情绪——你永远逃不出来。

按照数学逻辑，否定之否定表肯定，但按照哲学逻辑，否定本身也有其意义。和单线时间流中的"思华年"相比，两重否定将思念引出了时空，分量就更重了。

再向下看："沧海月明珠有泪"。月亮与珍珠的感应是李商隐非常喜欢的一组关系：海里有蚌，蚌胎里有珠，道教典籍里认为珍珠和月亮是同步圆缺的，月圆了，珍珠也就跟着圆满了——李商隐有一句诗叫"未必明时胜蚌蛤，一生长共月亏盈"，就是这个意思。但在《锦瑟》里，李商隐认为只有形态上的呼应还不够，他更以珍珠是鲛人之泪的典故强化了情绪：海上月明，珍珠感受到月亮的变化，日益圆满。而作为鲛人的泪光，珍珠是生命的孕育与凝结，那么反过来看，天上那轮没有生命和情感的明月能感应到它吗？

这种情绪其实和李商隐很多求仙的诗歌是很像的。他始终琢磨不定他仰望的对象到底是否对他有同样的感情。当你感受到这种绝望，泪的作用就又多了一层：珍珠在为了它不知能否获得回应的处境而流泪，而这实则也是对上一联中同物的质疑。

对句"蓝田日暖玉生烟"则在试图回答这个质疑。蓝田与沧海，一实地，一泛指，对应间本有点面关系：沧为暗绿色，与蓝成对；以海对田，也很自然会让人产生出沧海桑田的时间感。唐代诗人戴叔伦有句话："诗家之景，如蓝田日暖，良玉生烟，可望而不可置于眉睫之前也。"这该是李商隐这句诗最直接的出处。玉在山则草木润，光晕自然会像烟一样升腾起来，细微却无可掩盖，有经验的人就可以发现——这其实就是古代所说的望气。所以上联的"珠有泪"是珠光，而下联"玉生烟"则是宝气了。

结合出句看，这句诗想表达的意思则呼之欲出：玉本身没有情感，但观者有心，自然能看到烟气一点点从山里升腾起来，它只要在就够了——你看，这和上联又是一对否定之否定。上联认为生命能感应到外物，而外物不会对这个感应做出回应，底色是绝望的；而下联又成转圜：外物确实不会对生命有所回应，但只要细心去看、去体会，它们的某些特质和显像只会为你一人所见、所拥有，反过来就可以理解为另一种感应。

你看，颔联讨论的范围还在个体，颈联则已经走到了个体和外在世界之间。这已经不再是传统七律两进院子式的平面延展，而近似更上一层楼，螺旋直上，走到不一样的生命广度了。

行文至此，一首诗里从小我到世界，从生命到死亡，从相思到神契，所有的维度都写完了，尾联要怎么收呢？如果是李白，大概率会把调门最高的这句的话语权留给自己；而若是李贺，他则不会在空间探索中轻易止步，更可能要用意象结束意象，但李商隐都没有。他前面有多瑰丽，后面就有多平和："此情可待成追忆，只是当时已惘然"，好像很客观地在说别人的事情。

我对尾联的理解和大部分读者字面上感受的不完全一样，主要原因在于今古对"只是"的理解是有点分歧的。"只是"这个词到唐代中晚期之后才开始在诗歌里出现，周汝昌先生考据认为"只"在古代汉语中表示的是"停止"的"止"，只作为虚词表停顿，没有实际意义，"只是"并不是"但是"，而应该解为"正是、正在"。所以这句话的意思其实并不是指这段感情本来可以成为追忆，但是因为我当时已经惘然，所以没有追忆成；而更近乎说，这样的情愫，正是在惘然的那一瞬间就马上成为追忆了。

这是意象推到很广阔空间上出现的一瞬间的空茫感。前面说了无数的情感觉知、生死轮回、人天感应，最终却回落到了什么都抓不到的现在。从开篇的锦瑟引入时间，最终回到时间上的一个点——用数学的视角来看，点没有长度，它就是空无。

这种收尾好像《易经》中的"亢龙有悔"：盈不可久，动而有悔。诗就结束在了这个盛极转衰的瞬间。

从创作者的视角看过一遍后,我们就可以回答开篇的疑惑了:《锦瑟》并不是咏物诗,所谓"锦瑟无端五十弦",不过只是这首诗的一个情绪入口,而非标题。也正是因为如此,李商隐开篇就毫不可惜地把"锦瑟"的意思在一联里写尽了。首联两句诗是后面一连串否定的开端和基础,当然不能太过掩映,而是越实越好——树叶可以摇曳,但根一定要实,《锦瑟》就是这个道理。

如前面所说,这首诗的每一联都在向上生长,有点近似金庸在《倚天屠龙记》里因为不符合动量守恒而常为人诟病的"张无忌左脚一踩右脚背,身形又腾起数丈"那种感觉,而不是标准七律式的横向扩张。在这首诗里,他每一招都指向自己的上一招,在接招的过程中,眼界也随之一重一重拔高,直到最后一联"亢龙有悔",在空茫的顶点时抢在下坠之前结束了这首诗。

因此,《锦瑟》早已不再是四合院,而是一条盘旋上升的龙。它天矫腾空,压倒了李商隐的所有诗篇,位列《李义山全集》之首——不管这个顺序是谁排的,我觉得这首诗当得起。

今天就聊到这里。你可能发现了,我这次的解读完全是在以诗论诗,具体人事的代入并没有多作推测,而是让出了一些空间。事实上,我完全可以像之前几天一样,用自己的研究和考证给它找到一个合理的归所,但考虑再三,我认为还是留白更合适——

毕竟，它是李商隐最接近神性的一首诗，太轻易给出答案，反而是对作者的不尊重。

所以，你仍可以用你的方法去理解《锦瑟》——它欢迎所有人的解读。

明天见。

附　　　　　　　　锦　瑟

锦瑟无端五十弦，一弦一柱思华年。

庄生晓梦迷蝴蝶，望帝春心托杜鹃。

沧海月明珠有泪，蓝田日暖玉生烟。

此情可待成追忆，只是当时已惘然。

第十二日

李商隐的咏史诗《马嵬》（二首）其二

海外徒闻更九州

说完李商隐开创性诗歌的众多代表作后，我想再谈谈他相对入世的、带有个人思想和道德取向的诗作。毕竟在传统的诗学评价系统里，李商隐同样是一位重要的诗人——不能否认，除了语言天分极高，他同时更是一位对国家心怀热忱的士人。

前面提到过，晚唐的士人们笼罩在党争的阴影下，是很难直抒胸臆、以诗言志的。在这个大环境里，诗人们选择了不同的创作出路，而其中最常见易行的就是咏史。

阳光下没有新鲜事，历史总在不断地重复——诗人们不需要关注气候、地理等系统外的因素，他们需要的本来也只是能影射当世的那个小轮廓。

每个诗人掌握的史料都是有限而相似的，而咏史诗的魅力正在于生发方向的迥异——正如拿着同样的素材，不同导演可以剪出截然不同的成片，寄托完全两样的故事内核。今天我们就一起看看这个过程。

李商隐写过很多出色的咏史作品，比如《隋宫》《贾生》，等等，我们今天要谈的是《马嵬》。原因无他，它所取材的历史事件大家更熟悉，引入对比组也就更加便利。

写安史之乱的作品有很多，但要说影响力，可能大部分人心里的榜单不会有太大出入——白居易的《长恨歌》和杜牧的《过华清宫》都榜上有名。今天我们就用李商隐的《马嵬》和这两首诗横向对比一下，看看三位一流诗人用同样的素材剪辑出来的咏史诗各自是什么样的。

先说《长恨歌》。

白居易的这首长诗是他在周至当县尉时，在仙游山一座寺庙里和朋友陈鸿聊出来的。那是个大雪天，他们去山里游玩时遇到了几个经历过安史之乱的遗民，向他们讲述了当年的遭遇。两人听罢唏嘘不已，晚间回到仙游寺"围炉夜话"，相约把它记录下来。于是，分手后，陈鸿写下了小说《长恨歌传》，而白居易写了长诗《长恨歌》。

倘若对比一下这两部作品，你会发现两个朋友对这段故事的观感有细微的差别：陈鸿对杨贵妃的定位是祸国妖妃，也毫不回避唐玄宗留意朝廷命妇的伦理污点。他保持了一个小说家冷峻的上帝视角，该刻薄的时候绝不手软。白居易的处理则温柔一些——他没有过多苛责道德，而是把目光更多投注在了爱情上。因为母亲的阻挠，白居易和自己青梅竹马的恋人没能结成眷属，所以他对这种天人永隔的相思是有代入感的，创作时也就怀抱着高度的同情。

《长恨歌》的镜头视角换过三次。第一阶段是杨贵妃和唐玄宗的对手戏。白居易用跟拍的方式细腻地描述了杨贵妃是如何承恩受宠、冠绝六宫，唐玄宗是如何欣赏偏爱、懈怠朝政，二人如何在家国破碎时狼狈出逃，在马嵬坡死别。这之后，诗进入了第二阶段，是玄宗的独白。从第三视角转向第一视角，玄宗以一个倾诉者的身份叙述自己失去爱人以后的凄凉。在这样的凄凉中，他当然期待着挽回，诗也就因此进入了第三阶段。镜头跟随临邛道士去海外仙山寻找杨贵妃，最终用对话的方式引入贵妃这一端的思念和天人永隔的怅惘。最终，诗篇完结在两个人感情最好的回忆里，"七月七日长生殿，夜半无人私语时"——用当时的誓言反证此时的难堪，并走向了"天长地久有时尽，此恨绵绵无绝期"的主旨。

《长恨歌》的叙事非常宏大，甚至可以说是接近神性的。白居易的创作并不是全程在云端俯瞰，他调动了远近高低多方位的视角，好像上帝无所不在。

由于时间关系，我没办法一句句去讲解《长恨歌》的好处在哪里，如果你和我一样从小背诵过这首诗，你应该也能感受到白居易独有的乐感——他对节奏缓急的把控、韵脚的调度，像歌剧一样优美而宏大。

因为七言古体诗空间充足，这首诗可以从容而完整地将这段历史重述一遍。作为导演，白居易当然会故意地进行一些删减增添，从中我们便也能看到他的立场：如前所说，他的历史视角并不在妖妃误国，至少到诗歌完成时已经不是了。他把这场变乱看作两个相爱的人在不恰当的时候遭遇了不恰当的变故，并发出对命运的咏叹。虽然开篇"汉皇重色思倾国"也带有讽刺的意味，但越写到后来，白居易就越偏离了开篇批判的立意，而走到了感叹人生的不得已上。这种把大历史浓缩为个人悲剧的写法，其实很接近近年来那些以个人为主线的后宫戏说剧，如《甄嬛传》之类。这种剪辑下，历史事件是为个人的成长弧光服务的。

在唐玄宗和杨贵妃的故事里，白居易看到的更多是个体的渺小、爱情的虚无和瞬间的可贵，这对后来以讽喻时事知名并且以直言上书获罪的他而言是个很难得的主题偏离——他没有因为任何时事和政治去创作这首诗，而只是完全忠实于自己的感受，这反而成就了这篇作品的艺术价值。

这部咏史诗，实际上是一篇个人视角的挽歌。

下面我们再看杜牧的《过华清宫》。你可能知道它是由三首绝句构成的组诗，为了便于对比，我们今天只说第二首。

杜牧最擅长的体裁就是七绝。而绝句本身也是最适合表现态度的文体。它足够短，结构上完成一个起承转合的线性起伏就足够了，不用多作铺叙和拉杂，不蔓不枝，可以像匕首一样把观点直刺出去。

《过华清宫》就是这样一把匕首：

新丰绿树起黄埃，数骑渔阳探使回。
霓裳一曲千峰上，舞破中原始下来。

这是一首极为规矩的刺事诗，起承转合非常分明，我们逐句来看：

第一句是起。"新丰绿树起黄埃"，在开篇抛出了一个无人的远景，说长安新丰县周围的绿树间荡起了黄色的尘埃，吸引读者不自觉地开始期待镜头的拉近。

第二句是承。"数骑渔阳探使回"，镜头拉近，原来是去渔阳刺探军情的人回来了——唐玄宗确实对安禄山起过疑心，让中使辅璆琳去渔阳刺探他是否有反心，但璆琳被安禄山收买，汇报说安禄山非常忠心，唐玄宗就打消了这个顾虑。

第三句是转。"新丰黄埃"逐步拉近到事件后，镜头突然仰到了天上。"霓裳一曲千峰上"，这是《长恨歌》里"骊宫高处入青云，仙乐风飘处处闻"的视角：山上和人间形成了隔阂，是地理的，也是阶级的。它彻底阻断了消息的通传，弥漫在两者中间的，只有《霓裳羽衣曲》。这支曲子是唐玄宗用道教调式写的，后来又融合进了一部分佛家的《婆罗门》，意在对上方不可知的神秘世界虔诚地倾诉，也虔诚地聆听——人间在仰望骊山上的皇帝，而皇帝也在仰望上天。

就在这种层层向上的声调里，诗来到了第四句，合。"舞破中原始下来。"镜头刚刚摇到天上，就突然坠落下来了。要了解什么叫"破"，我们就要先了解"霓裳一曲"：《霓裳羽衣曲》是一套非常长的大曲，有前后三个阶段，完整演奏下来据说至少要半个时辰。第一阶段是六段散序，均为管乐吹奏，不设歌舞。第二阶段是十八段中序，乐器增多，舞者也开始进入——杨贵妃擅长的霓裳羽衣舞就在中序，《长恨歌》中"缓歌慢舞凝丝竹"，就是对这一节的描述。第三阶段则是十二段破。在弦乐带动下，乐曲进入非常急促的节奏，并且越来越快，舞者的动作也随之越来越激烈，最终在最急的地方收尾，戛然而止。说"入破"，通常就是说乐曲进入高潮，走向了结束——"渔阳鼙鼓动地来，惊破霓裳羽衣曲"中的"破"就取了这个意思，杜牧这句"舞破中原始下来"中的"破"也是一样。这个字被诗人们频繁用作双关：舞到最后，曲入破，中原也破了。

在上天看来,骊山上的皇帝和人间的苍生并没有两样。于是,玄宗被打落到了人间,跟随着诗歌的视角坠回到山下,返还开篇"新丰绿树起黄埃"的海拔,这首诗也就结束了。

《过华清宫》的历史观是很明白的:和白居易的人性视角完全不同,杜牧对唐玄宗和杨贵妃的爱情并没有兴趣。他所持的是鲜明的士大夫立场:恨君王耽于享乐而不能察觉外来的危险,最终导致中原遭劫,国破家亡。

这是一个无能为力的臣子视角,情绪悲愤,笔调却非常冷静,保持着臣子应有的克制——这也是杜牧的咏史诗很重要的特点。小杜的立意通常都非常辛辣,但落笔时往往会保留一定的情感距离,点到为止,不会让他实际所指的人感受到太多的敌意和冒犯——这是世家公子保存在肌肉记忆里的修养。

好,现在我们回到李商隐,看看他的这首《马嵬》。

《马嵬》其实也是组诗。它有两首,第一首是绝句,第二首是律诗。考虑到白居易的七古和杜牧的七绝都是他们最擅长的文体,同题材横向比较,我们当然也要让李商隐用自己的强项来应战,所以我今天只说组诗的第二首,即李商隐最擅长的七律。

诗是这样写的:

海外徒闻更九州,他生未卜此生休。

空闻虎旅传宵柝，无复鸡人报晓筹。

此日六军同驻马，当时七夕笑牵牛。

如何四纪为天子，不及卢家有莫愁。

这首诗很难做到单一的解读，因为它完全可以用玄宗、贵妃和旁观者三种身份去做不同情绪的代入——也就是说，它在情绪上也是多解的。

主基调自然是仓皇的。但如果你看诗时用的是玄宗的视角，诗的情绪就是不舍、犹豫、惭愧的；切换到贵妃，情绪则转为激烈、不甘、追忆和哀怨会破纸而出。当然，如果只以后来者读史的立场去读，你则会看到李商隐的立场：讥诮、讽刺乃至于指责控诉，这是合理的观众站位。虽然文本只有一套，但三种视角所提供的情感尺度完全不同，鉴赏者不得不在其中做取舍，最终选择其中一个完成解读。但跳出文学批评的立足需求，我倒觉得为读者提供的多视角代入可能，才是这首诗真正高妙之处。

所以今天，我打算把三种理解都过一遍。我们一联一联看。

"海外徒闻更九州，他生未卜此生休。"有评论家说这句开篇直如破空而来，气势上形容得很到位——这句诗情绪浓烈，而且有动感，好像天外飞来了一块石头，端端正正坠落在了你的面前：你没时间再去处理对题目的期待了，只能先面对首句带来的问题。

"海外"开篇,显然照应了白居易"忽闻海外有仙山"的设定。李商隐当然看过《长恨歌》与《长恨传》,陈鸿在《长恨传》里曾让居于海外仙山的杨贵妃对方士说了一句很狠的话:"太上皇亦不久人间,幸惟自安,无自苦耳。"——他也活不长了,别着急难过,我们且等下辈子见吧。在李商隐的设置里,海外九州或许也是有的,但有又如何呢?下辈子见得到见不到,谁都不知道,眼下能确定的只是:好不容易博到夫妻缘分的这辈子,今天彻底完结了。

玄宗崇尚道教,海外九州本身也是道教的说法。我们耳熟能详的三十六洞天,其实就是人间和海外仙山的三十六个连接点——道教是不修来世的,他们追求的就是此生成仙。所以站在玄宗立场上看这首诗,其中不舍的情绪就非常浓厚:我知道神仙的居所是存在的,但现在有什么用呢?我从来没有想过去修来世,但这辈子我们的缘分眼看就要没有了。若不放弃对长生的追求,那么他生就永远处在未卜的状态,两个人的缘分也将彻底断绝——贵妃将死,让唐玄宗不得不直面一个艰难的取舍:永生和爱情。

好,下面我们忘掉这个解释,把这句诗用贵妃的口吻再读一遍。"海外徒闻更九州","徒闻",听过,但有什么用?如果这句话是杨贵妃说的，则更近乎大难临头时，对那些虚无缥缈的宗教安慰剂的不屑。"他生未卜此生休"，这才是贵妃临死时的心情写照，不用考虑佛教还是道教，修今生还是修来世，这只是生死呼吸间最正常的恐惧。她不知道死后会发生什么，只知道自己这辈子完了。

当这句诗交给一个哀怨的女声后，情绪和玄宗视角的空茫、不舍就不同了——它带着害怕、不甘等非常切身的天然情绪，这甚至不算是人性独有的，而是动物的求生本能。你看，同样一句诗安排给不同的人念，感情尺度就出现了大幅变化。

现在我们跳出杨贵妃和唐玄宗这组关系。我猜你更熟悉的视角，应该就是现在我们要说的第三人视角。在这种视角下，讽刺会盖过情绪：常年求仙问道，现在命都没有了，神仙又在哪里呢？剥离了当局者视角，这句诗里安排的非常激烈的逻辑冲撞具有很强烈的否定倾向——这是李商隐真正的态度。

下面我们看颔联："空闻虎旅传宵柝，无复鸡人报晓筹。"首先我点个跟鉴赏无关的忌讳：李商隐用重了一个"闻"字（海外徒"闻"、空"闻"虎旅）。通常来说如果不是句式要求刻意为之，格律诗是不允许重字的，尤其像这句这样重字又重义，就更不应该了。按我自己的创作经验看，造成这个失误的原因可能在于颔联并不是接着首联顺畅地写下来的，而是跟随后面几联的变化不断调整成了这样,所以最终他忘记前面已经用过这个"闻"字了。

句意其实也可以证明这一联的创作次序。它是诗中四联唯一没有提供情绪多解的。颔联说:只听到夜里卫兵们一次次紧张地巡夜,再也没有宫廷里的侍从来报时叫早了——王维有一首写大明宫晨起日常的七律:"绛帻鸡人报晓筹,尚衣方进翠云裘。"说戴着红色头巾的报时官手执更筹报晓,随后更衣官给皇帝送上翠云纹饰的裘衣,很有秩序,也很有气象。但到李商隐这里,它就只是一场回忆了。这句诗写的是今非昔比,这种感情是单一的,也是普适的:无论是玄宗、贵妃还是读史的人去体会,都是一般无二的伤感。

来到颈联:"此日六军同驻马,当时七夕笑牵牛。"套情绪前先看属对:"六军"对"七夕","驻马"对"牵牛",都是很妙但极不易想到的对语。六军驻马化《长恨歌》"六军不发无奈何",将士兵谏,要求处死贵妃——这是个很大的场面,一个"同"字,把所有将士都拉到了观众席,而皇帝就在正中间的聚光灯下,所有人等着他的决定;而七夕牵牛则射"七月七日长生殿",指杨贵妃和唐玄宗约定"在天愿做比翼鸟,在地愿为连理枝"的那段最幸福的时光,和前一句不同,这是个没有观众的私密场景。就这样,出句和对句一大一小,一今一昔,一公一私,一是燃眉之急,一是旧情难忘,形成了非常激烈的命运冲突。

用玄宗的语气读来,我们能感受到的是取舍之间的犹豫纠结——这是个进行时的句子。他正被迫在肉体的存活和爱情的存活之间选择并且为之痛苦。但以贵妃的处境看去,这句诗则近乎于完成时,更近似她死前的记忆闪回。六军同驻马,她已经心知必死了,于是在爱人背叛下,她回忆起了两个人最甜蜜的时光,好像《笑傲江湖》里岳灵珊被林平之刺了一剑,死前却唱起他们相爱时常唱的福建山歌一样。这是眷恋,也是最终的告别。当然,站在普通读史者的立场,我们看到的则是爱情在时间两岸呈现出来的荒诞感:一双对句,一意提领,今天让她去死的,和当时让她永远陪伴自己的,居然是同一个人。

所以到尾联,我们就看到了这首诗的警句:"如何四纪为天子,不及卢家有莫愁。"莫愁的典故我们之前讲过,容貌美丽,嫁给富贵人家,生了可爱的孩子,那是人间的女孩子最平顺的象征——可唐玄宗当了四十八年皇帝,却不如寻常大户人家,能容自己的女人平平安安,享尽最庸俗也最实在的幸福。

我们可以想见,这句话如果是玄宗说出来的,他的语气重心当然会落在"四纪为天子"上。自我认知的崩塌带来了无能为力和自怨自艾,这是一场独白,是玄宗心里对天的嘶吼,而不再是对贵妃的倾诉。但如果这句话出自杨贵妃之口,重点就会落在"不及卢家有莫愁"上。这句话的指向不是内心独白,而就是明确地对着自己的爱人喊出来的——它虽然没有获得回答,但依然是一场对手戏。它近似贵妃失望和哀怨的最终遗言。

当我们站在读史的视角,就会看到李商隐的态度:他同情杨贵妃,并对唐玄宗用牺牲女人来保全自己的行为表示了极端的鄙视。这个观点从《马嵬》第一首我们也能清楚地感觉出来:"君王若道能倾国,玉辇何由过马嵬。"如果真能为美人倾国,你唐玄宗又怎么可能活着过马嵬坡呢?

诗讲完了,我们看到,《马嵬》模糊掉了叙述身份,给了每个读者带着自己的天然立场去读诗的机会。同情玄宗的人,同情贵妃的人,都可以找到让自己更舒服的读法,而并不一定要屈从于作者的观点——这种放权在咏史诗里非常少见。

放权给读者的同时,李商隐也没有放弃表达自己的态度。站在第三方的视角,我们可以很清晰地看到他和白居易、杜牧不同的史观:白居易的《长恨歌》里,江山是背景板,描述的主要是个体的爱和不得。杜牧的《过华清宫》里,爱情是背景板,他讨论的是君王沉溺于声色后对自己职责的放松和对危机的失察。而在李商隐的《马嵬》里,江山和美人一直同步存在,也一直在被权衡。李商隐指责玄宗放弃了对美人的选择,但他本身给出的语境实在是足够残酷,代入感也足够强烈。在今昔对比的仓皇里,也实在没有人能比玄宗选择得更好——这种叙事方法的选择，其实出于一种更大的悲悯。

这是李商隐式的咏史：他有明确的观点，且不会出于自保或克制去兜圈子——但与此同时，李商隐也不会强求对读者的控制权。他尊重每个读诗的人自己的判断，也愿意通过语句上的斟酌，为我们让出一部分安放不同情感、观点的空间。虽然从艺术水平来看，李商隐的咏史诗不一定就真能碾压其他顶尖高手，但他的作品确实更值得你多看几遍、多想几回。

好，谈完咏史，我对李商隐诗歌作品的分析就结束了。这几首诗当然远远不足以穷尽他的语言特点和变化，后续的阅读还有待你继续开启。后面两天，我想从宗教的角度聊聊李商隐诗风的形成。

明天见。

附　　　　　　　　**长恨歌**

　　　　　　　　　　白居易

　　　　汉皇重色思倾国，御宇多年求不得。
　　　　杨家有女初长成，养在深闺人未识。
　　　　天生丽质难自弃，一朝选在君王侧。

回眸一笑百媚生,六宫粉黛无颜色。
春寒赐浴华清池,温泉水滑洗凝脂。
侍儿扶起娇无力,始是新承恩泽时。
云鬓花颜金步摇,芙蓉帐暖度春宵。
春宵苦短日高起,从此君王不早朝。
承欢侍宴无闲暇,春从春游夜专夜。
后宫佳丽三千人,三千宠爱在一身。
金屋妆成娇侍夜,玉楼宴罢醉和春。
姊妹弟兄皆列土,可怜光彩生门户。
遂令天下父母心,不重生男重生女。
骊宫高处入青云,仙乐风飘处处闻。
缓歌慢舞凝丝竹,尽日君王看不足。
渔阳鼙鼓动地来,惊破霓裳羽衣曲。
九重城阙烟尘生,千乘万骑西南行。
翠华摇摇行复止,西出都门百余里。
六军不发无奈何,宛转蛾眉马前死。
花钿委地无人收,翠翘金雀玉搔头。
君王掩面救不得,回看血泪相和流。
黄埃散漫风萧索,云栈萦纡登剑阁。
峨嵋山下少人行,旌旗无光日色薄。

蜀江水碧蜀山青，圣主朝朝暮暮情。

行宫见月伤心色，夜雨闻铃肠断声。

天旋地转回龙驭，到此踌躇不能去。

马嵬坡下泥土中，不见玉颜空死处。

君臣相顾尽沾衣，东望都门信马归。

归来池苑皆依旧，太液芙蓉未央柳。

芙蓉如面柳如眉，对此如何不泪垂。

春风桃李花开日，秋雨梧桐叶落时。

西宫南苑多秋草，落叶满阶红不扫。

梨园弟子白发新，椒房阿监青娥老。

夕殿萤飞思悄然，孤灯挑尽未成眠。

迟迟钟鼓初长夜，耿耿星河欲曙天。

鸳鸯瓦冷霜华重，翡翠衾寒谁与共。

悠悠生死别经年，魂魄不曾来入梦。

临邛道士鸿都客，能以精诚致魂魄。

为感君王辗转思，遂教方士殷勤觅。

排空驭气奔如电，升天入地求之遍。

上穷碧落下黄泉，两处茫茫皆不见。

忽闻海上有仙山，山在虚无缥渺间。

楼阁玲珑五云起，其中绰约多仙子。

中有一人字太真，雪肤花貌参差是。

金阙西厢叩玉扃，转教小玉报双成。

闻道汉家天子使，九华帐里梦魂惊。

揽衣推枕起徘徊，珠箔银屏迤逦开。

云鬓半偏新睡觉，花冠不整下堂来。

风吹仙袂飘飘举，犹似霓裳羽衣舞。

玉容寂寞泪阑干，梨花一枝春带雨。

含情凝睇谢君王，一别音容两渺茫。

昭阳殿里恩爱绝，蓬莱宫中日月长。

回头下望人寰处，不见长安见尘雾。

惟将旧物表深情，钿合金钗寄将去。

钗留一股合一扇，钗擘黄金合分钿。

但教心似金钿坚，天上人间会相见。

临别殷勤重寄词，词中有誓两心知。

七月七日长生殿，夜半无人私语时。

在天愿作比翼鸟，在地愿为连理枝。

天长地久有时尽，此恨绵绵无绝期。

过华清宫绝句三首

杜牧

其一

长安回望绣成堆,山顶千门次第开。

一骑红尘妃子笑,无人知是荔枝来。

其二

新丰绿树起黄埃,数骑渔阳探使回。

霓裳一曲千峰上,舞破中原始下来。

其三

万国笙歌醉太平,倚天楼殿月分明。

云中乱拍禄山舞,风过重峦下笑声。

马嵬二首

李商隐

其一

冀马燕犀动地来,自埋红粉自成灰。

君王若道能倾国,玉辇何由过马嵬。

其二

海外徒闻更九州,他生未卜此生休。

空闻虎旅传宵柝,无复鸡人报晓筹。

此日六军同驻马,当时七夕笑牵牛。
如何四纪为天子,不及卢家有莫愁。

第十三日

宗教基因和诗的演变

萼绿华来无定所

六天诗歌鉴赏后,今天我想把前面提过,但没有深讲的一个问题拿出来讨论一下:我们总说李商隐的诗歌高级、现代,那么这种高级和现代由来于什么?

这里面当然离不开李商隐自身的语言天分,离不开他早年读书下的苦功,更离不开令狐楚对他的骈文的调教——这都是保证一个诗人创作水准的基础。对既有语言娴熟从容的运用,是诗人有资格代表同时代最高水平去进行新探索的保证,但要看一个诗人在历史纵坐标里的地位,更多要看的是他为超越时代做出的语言尝试是否成功。

今天我想跟你讨论的,就是诗人在开荒这方面底气的由来。我个人认为,探索能力可能取决于天赋高下,但探索欲望一定程度上与宗教思想的滋养有关。

实际上,中国历史上诗的每次突破性演进,都或多或少有一些宗教思维参与进来——也可以理解为,高于人类已知的东西参与进来。无论是佛教、道教，或者是它们之前的原始宗教，其本质都是在指导人们去处理和天地之间的关系。我们应该对天地如何理解？如何与之沟通？如何让它对我们有所助益？这种好奇或者说欲望在宗教的引导下走入人性后，就自然会激发新的表达需求。

这种表达具有天然的崇高感，也存在着强烈的不确定性——在这种表达需求的驱动下，诗人自然而然会把想象和实际杂糅起来，以期待用思考和创造去交接一些非人类的存在。对不可知的向往会启发人们对想象空间的描述试探，继而引导诗的创作范围越来越广，在这个过程中，一代代观念和技术的升级在所难免。诗的边界正是从表达向描述，再向构筑；从歌唱向抒情，再向纪事，最终以语言探索为前驱而一步步扩张的——当然，这只是我们现在认识到的诗歌，未来它会面临更多的功能挑战，这又是我们此时所不能想见的了。

宗教对诗歌的第一次重大影响可以回溯到楚辞。那时的宗教其实还不完全符合现在的成熟宗教定义，而只能算是巫。我们可以理解为，这个阶段人类的追求聚焦在天人间的沟通，而尚未发展到去做一些取悦上天的事以达成自己的目的。在楚辞的时代，上天神灵都是不可变的存在，诗歌的功用也只停留在想象、通传上，还说不到对崇拜对象形态的运用和习得。

如我们所知，诗的历史中，楚辞是想象力的开山源脉。它在早期诗歌所歌即所见、所歌即所感的职能基础之外，正式开辟出了所歌即所望、所歌即所想的新领地。从诗歌角度来讲，当倾诉对象不再固定，也失去了具体形态，叙述者的视角会随之出现变化——既然是用《楚辞》举例，我们就用中原地区的《诗经》来对比一下。

《诗经》继承了我国最早的诗歌"断竹、续竹，飞土、逐肉"式的纪事属性，它的视角多是出于平视的。这种平视可以从选材上看得出来：和《楚辞》的仰望视角不同，《诗经》描述的大多是自然现象，比如《七月》："七月流火，九月授衣"，"五月斯螽动股，六月莎鸡振羽。七月在野，八月在宇。九月在户，十月蟋蟀入我床下"。诗人对农时和生活的体察非常细致，绵密地呈现了应对自然变化时人们选择的不同生存方式：什么时候小虫子叫了，什么时候美丽的女孩子们去采桑叶了，什么时候天气转冷要加衣服了，什么时候要去收稻谷了……叙事和感受都非常朴实专注，这是一种真正在踏实做事的人才能拥有的观察力。

《诗经》里当然也有高于生活的呼告，它们大多集中在《周颂》里。我们常会看到它大篇幅地赞美文王上承天命、品德纯美，但这种赞美的指向性其实并不在于上天，而是希望通过天的加持，来维护王权的正统性。《诗经》里有一张高举的清晰面孔，它属于君王。人们通过对天之子的身份赋予完成了天的具象化，因此也便不再需要调动过多的想象力，执着于去空无里筑造所谓的有了。当天子不能解决人们心灵的困惑时，《诗经》也会直接向上天求告，比如"悠悠苍天，此何人哉？"或者"彼苍者天！歼我良人！"但它们更近似绝望中走投无路的呼喊，属于自我发泄，而不是交流，故而也就不再需要方向。

《楚辞》则不一样，它的视角是确定的，语气也是诚恳平和的，好像上方真的有一个不能接近，但确定存在的倾诉对象。一定程度上说，《楚辞》的存在，完成了诗歌维度的提升——倾诉范围从世界地平线的二维世界彻底转向了三维。

楚人有一套自己独特的系统，对鬼神的理解也和中原大地不太一样。孔子不语怪力乱神，儒家讲入世，对鬼神之说敬而远之，但楚人不同，他们很愿意去和神鬼交流。由于时间关系，我们只简单谈谈神的部分：楚人的祭祀包括邀神、娱神、送神。在歌舞降神的过程中，他们也不避讳神与神、人与神之间的相恋：用爱情吸引神的降临，本身也是楚地很独特的文化。

屈原的《九歌》中有很多浪漫的句子，像爱情，又不像《诗经》里的爱情那么实在、淳朴。其中既有"既含睇兮又宜笑，子慕予兮善窈窕""满堂兮美人，忽独与余兮目成"的一见倾心，也有"思公子兮未敢言""入不言兮出不辞""风飒飒兮木萧萧，思公子兮徒离忧"的茫然伤感。如果说《诗经》里的爱情多在计划婚姻、谋取未来，很有烟火气，那么《楚辞》里的爱情更像是停留在了最美好的单恋阶段。

这个阶段里，人们很容易把恋爱关系拉开视觉差等，将对方非理性地崇高化：他们总希望自己可以优秀而引人注目些，借此缩短这个心理距离。楚人邀神、娱神的心态就和这种仰视的感觉很像——它是不考虑以后的，因为连现在都瞬息变化，可望而不可即。

不求结果的倾诉带来的效果就是，诗的作用从言志到了娱人。作者不但要把自己喊出去，还要让对方看过来。而预设读者一旦出现，诗的表达方式也就自然而然地随之改变了。

最明显的表现就是诗歌文本里视觉效果的变化。《楚辞》非常漂亮，因为歌者希望表达足够的诚意，吸引神的关注，所以诗歌里人们祭祀前做了什么准备、穿了什么服饰、佩戴了什么香草、奉献了什么祭品都事无巨细，展现得清清楚楚，为后人创造了丰富的词库。字面质感之外，《楚辞》也拥有超出寻常的想象力。楚人崇尚的巫，本质上是通灵的仪式，而通灵本身对想象依赖度就很大，那些祭祀礼上没有出现也从未出现的神迹，是需要参与者用大脑自行补全的。所以我们能看到，楚人的巫歌里常常会用一些引导性的想象来带动听众的感知，发展到后期就成了今天我们熟悉的创作手法——造境。另外,楚辞的感情距离也很有特色,有时候会故意形成一种忽远忽近的虚实穿插:话好像说得掏心掏肺,又好像什么都没说出来。这是因为楚辞的情感寄托并不恒定。它没有计划性,相较于传递结果,更注重瞬时感受——毕竟巫所定义的通灵本身是个极短暂的过程。也正是自此而始,诗歌才慢慢分化出虚和实、意和象的辩证。最后是显而易见的:楚辞的句子更长,节奏更多变,从而形成的视听观感也就更丰富、更柔美。因为它本就是配合寓意爱情的舞蹈出现的,和中原地区古朴严肃的祭礼颂歌完全不一样。

这些特点随着后来本土与外来宗教的演进、引入和分流也在不断演变,滋养了很多诗人。每个人依托的精神内核未必一样,但宗教要素的每次演变,都会在诗人的身上留下印记,从而带动诗歌的表达方式再次前进。

走过巫的时代后,我们可以再看看发展相对成熟的宗教要素又会对诗人产生怎样的影响。举两位在宗教影响下开辟了新气象的大家为例:学佛的王维和学道的李白。

先说王维。众所周知,王维被称为"诗佛"是因为他受禅宗影响很大。

佛教我们知道讲的是个空字。"结空为色又俄空",色空之辨的要义,其实就是让人们把感知单元尽可能缩小,再否定掉每个单元之间的联系——当世界被微尘化，万物就都变成了孤立的原子聚合或者离散形成的产物。佛教的观物，正在于取缔人们为事物脑补出来的线性关联，代之以偶然聚合、偶然生灭的理解方式。

万物安然存在，但互不相关。

于是你可以看到，在这种视角下，逻辑和关联不再成立，事物也可以不再必然被约束在发生、发展、高潮、结局的时间线里——瞬间不断可分，当时间或者事物被细化成一个没有长度和质量的点，它就不再具有任何方向性的意义。

佛教的情感底色是静穆的，它没有所谓的朝气、元气，也没有丧气、暮气。因为它的关注点本来就不在于情绪输出，而在于自察和观物，换句话说，是重现输入的过程。在诗言志的话语体系里，这种不求输出的底层逻辑其实是与诗相违背的，但王维偏偏把出和入的矛盾调和得很好。

在他的诗里，你很容易感受到佛家万物不相关联但物我浑然一体的思想底色。王维几乎不用关联词，诗里也从来没有"因为……所以……""即使……也……""既然……就……"等这些人类自己发展出来的情绪指引。他对名词的支配调度非常从容，这种从容，更多来自于他对自己观察力的自信。他看到的世界比大部分诗人看到的都清晰，也都安静——在无数个动态的瞬间找到安静,是王维从佛教思想里获得的能力。

举一句有名的诗来聊聊王维的特点:"隔牖风惊竹,开门雪满山。"意思很简单:隔着窗听到风吹竹叶的声音,打开门看到满山的雪。

如果是宋人来写这一联,他们肯定会把两个场景之间的关联加上。笨一点的会直接写成"因为……所以……",比如"只缘隔牖风惊竹,遂得开门雪满山";稍微聪明一点的会加上可能性,用虚字稍微给两句之间的关系降降格:"似曾隔牖风惊竹,谁信开门雪满山";更或者再把情感加进来,"却怜隔牖风惊竹,为爱开门雪满山"——无论怎么关联,底层逻辑都是因果论:因为昨晚刮了风,所以今天下了雪。

可王维就偏偏不用关联词,也就直接破除了两句之间的联系。我们重读一下王维的这一联:"隔牖风惊竹,开门雪满山",不知道你有没有发现,当逻辑链条不复存在,读者不再需要理性地对"风惊竹"之后的物象生出盼望和推断,我们的注意力就会更多回到景物和感受自身。"风惊竹",是从动里感悟到从前的静;"雪满山",是静里想象出曾经的动。方死方生,随聚随灭,这就是无关联世界真实的样子。

王维用字很少会选新巧的生字,尤其动词往往非常平和,几乎不用欲望性或者气势感很强的动词。刚刚那首诗后面还有一联:

"洒空深巷静,积素广庭闲。"雪在空中飘洒,在庭院里堆积,都是水到渠成的过程,不带有任何情感。从这一联,我们更可以看到王维的观察力和感受力。空中的雪是动态的,但这动没有目标,是随机而无意识的,就反过来构成了画面的静。世界在这种无序的、广阔的运动里静止,"积素广庭闲"就是这种静止的最终状态。

王维眼睛里看到的世界寂静一片。所谓的动感,不过是时间轴里每一帧和每一帧画面的加总。即使在非常意气蓬勃的诗里,我们仍能感受到他这种让时间瞬间停止的观察能力,比如"草枯鹰眼疾,雪尽马蹄轻"。描写这样迅捷的场景,诗里却没出现一个动词。王维描绘的是两个非常精准的画面:鹰找到猎物的瞬间,马跑山雪原的瞬间,而他的观感就在这首诗最后一句:"回看射雕处,千里暮云平。"刚才发生的事情,好像有,也好像没有,转眼间就失踪了。

这是非常典型的佛家看世界的眼光。

王维的可贵,就在于把佛教要素里的精确和平静引入了诗歌。他没有做太多的想象空间构建,而是在平常事物里把观察力调用到极致,用佛眼阅世,再把看到的世界描述出来。这看似真实的世界,其实却是别的诗人所不能见也不能道的。

这种观察力,直接启发了后来并不学佛的杜甫。当万物无限可分，已知的背后就多出了无数可以焕发未知光彩的空间。

这是佛家的视角。

下面我们再看看道教的李白。

李白是一位虔诚的道教徒。佛教修来世，所以淡定；道教修此生，所以焦灼。道教世界的欲望感很强，而太强的欲望容易致幻——这在心理学上被定义为病态，但这种病态同时也具有强烈的魅力：幻觉实质上是梦境的延伸，是一种在既有世界基础上通过折射、衍射、闪烁、摇曳等构建出一个不可知的新世界的手段。这事实上和诗歌的创作套路很接近。

佛家讲断裂，道教却讲连通。"洞天石扉，訇然中开"，前面说过，大大小小的洞天，本身就都是道教定义里通往海外仙山的出口——道教修炼的核心追求，正在于此世界与彼世界的连通。为了完成连通，道教徒们要获得高于常人的能力。他们要忍受自虐般的修炼，每突破一个关口，他们都会获得短暂的愉悦，随即而来的就是新的焦虑。

焦虑感催动下，修道者就会产生对能力的渴望。从李白的诗里，你能看到很多带有赋能意味的想象。比如，"一夜飞度镜湖月""闲来垂钓碧溪上，忽复乘舟梦日边""遥见仙人彩云里，手把芙蓉朝玉京"——或是时间空间的瞬移，或者是超乎想象的神迹，都不是常人能够拥有的能力。

这种想象和《楚辞》时代并不一样——《楚辞》承认人神之间的差别，也默认人永远不可能拥有神的能力，所以《楚辞》的想象情绪是羡慕的、崇拜的、爱慕的甚至幽怨的。而道教相信人会在修行中不断精进，所有能力最终都会为自己所有。所以李白的诗更多是在用第一视角来支配这样的想象，并没有仰望感。正是因为此，读者才会觉得他潇洒并叫他"诗仙"。

道教讲练气，比如宋代流行的所谓练内丹，核心就是对人体内气的培养。气可以贯通人和天、身和心，这和佛家就又构成了一组对立：佛家处处要散断，道教处处要连结，所以一个看世界是粉屑，一个看世界是烟霞。

李白对世界的解构和重建往往是用气做媒介的。道教认为人的生命可以参与宇宙气流——李白也常用这种气来连接古今，即所谓"古来相接"。他的怀古诗常借由同样的景色，也就是同样的气流，把自己和古人的感受从呼吸层面连接起来。

道教有存思存想之术，这种所谓"控景"，其实也是李白式想象力的来源。李白构建的世界大多是元气非常充沛的，它带着汹涌的气势，操纵着凶险的意象，在《梦游天姥吟留别》《蜀道难》这类杂言古风里体现得尤为明显。诗中的景物当然基于他平时所见、内心所感，但更多来自于一种神仙击水鞭石式的调度。如前面所说，李白操纵山水，通常通过水或气进行。道教的说法里，水与气是仙人托身宇宙的另一种形态（我们常能在传说里看到仙人化成一道烟跑了，就由来于此），这也是李白希望拥有也自信终将拥有的能力。

因此，我们常能看到他用云烟的过渡来操纵有无，比如"言终忽不见，灭影入云烟"；用水的接转来转换画面，比如"湖月照我影，送我至剡溪"或"峨眉山月半轮秋，影入平羌江水流"。这种处理有点像我们剪辑视频时用来过渡的柔化、溶解等效果，它们的底层逻辑其实就是道教的水气连接。

这种连接和前面王维的佛教式平静同样重要。它让诗歌进化出了处理多重画面、多个场景的技法，也进一步催化了想象和渴望的结合。它是诗歌从写实走向意象，从有一说一走向虚实相生的必由之路。

我前面说过，李商隐一生中受过佛道两重宗教影响，那么明天，我们就来看看李商隐会怎么运用这种不可知性进行创作，而那些被他固存下来，渐渐脱离宗教本源的诗歌手法又是如何影响后来的诗人的。

明天见。

第十四日

宗教的后身与李商隐的变化

落叶人何在,寒云路几层

昨天我举了几个例子简单谈了谈宗教对诗的影响,今天我们就回到李商隐,看看他是如何处理自己身上的宗教烙印的。

我们前面介绍过,李商隐早年曾经学过道。他研读了大量道教经典,身体力行地参与过道教的炼丹活动,也写过很多道教应用文——但这同时,李商隐又并不算一个严格意义上的道教徒。

我们前面提过,他对飞升成仙没有强烈的相信感,也常在咏史时批判君王为求长生而荒废朝政;他对道教的终极状态并不感兴趣,没有代入欲,自然也就不会像李白那样调动第一视角为自己赋能。李商隐的诗绝说不上潇洒、豪迈、元气淋漓、纵横捭阖,因为他不练气——和李白不同,李商隐在学道的过程中吸取的是一些比较阴柔的元素。

道教是个兼具强烈女性特质的宗教,一定程度上甚至可以说它也崇尚这种特质。虽然诸如炼金丹这样的宗教活动已经和反技术主义的道家思想并不完全一致了,但从老庄一脉继承下来的顺应、不争、柔弱等取向与偏好并没有改变。对女性特质的认可造成了道教修炼体系的独特构成：它的神仙世界是对偶的，只要修行，男人和女人都可以成仙，这和佛教完全不同。道教的女仙们不必以眷属的身份跟随在男性身后，她们成仙后也可以获得独立的修为通路和自有的封号、居所。这就让李商隐女仙崇拜的情感内核有了心理依据。

此外，道教是个在语言方面要求很高的宗教。和佛家不立文字、当头棒喝的口语思维不同，道教的修炼过程除了自修自证之外，更讲求和上天的沟通。与楚辞时代不同，这种沟通的依托已慢慢从歌舞走向了文字。为了让这些上达天听的文字具有正统性，继而保证道教独享对这些文字的解释权，它的语言体系也日渐趋于隐晦独特。

道教有很多隐语，大部分出于《神仙传》《游仙经》等道书，更有一些来自一代代道士们的自创——如果你见过道教的青词，会更能理解隐语的概念。

作为道教科仪里斋醮仪式上献给天神的奏告文书，青词的文字非常讲究。李商隐的青词写得就非常好。《全唐文》里收录过六篇他所作的黄箓斋文（这数量仅次于晚唐的道教领袖杜光庭），斋主多为高官显贵，不难见他在这个领域很有名望。这些文章非常有文采，和骈文有相似之处，但里面调度的意象大多来自道教独有的资源库。

对比一下李商隐的斋文和诗作则不难发现，虽然这两种文体的应用环境没什么关联，但其中调用的典故素材是本出同源的。道教的典故极大地滋养了李商隐的诗歌意象体系：据学者黄世中先生统计，义山诗中出现过九百余个仙道事典，"几乎用尽道藏故事，摄取全部神天仙道的形象"，这是他的诗歌显像有别于晚唐其他名家的地方。

在道教隐语体系的发扬过程里，语言的功能也逐步被拓宽。它的语言不但要完成既有的传达功能，也要能在必要时藏匿一些内容。宗教要长久，就必然要舍弃一部分表意的准确性，如果停留在知识传递上，则很容易把人们引到非此即彼的判断上去，一则不利生发开散，二来也太容易被推翻。因此，如果我们把以信息交换为首要目的的语言理解成一条线，那么道教的隐语就可以被理解为用饱蘸墨汁的巨笔沿着这条线画出来的墨痕。它拥有横向的氤氲空间，也会适度向观者开放猜测和引申的权利。这种多解性的语言是道教的立身之本，而李商隐的审美取向，也很大程度来自它。

刚刚我们说到，李商隐并不相信道教的终极目标，但这并不意味着他在精神层面不会受其影响。在道教的体系里，如果人没有精进动力，就会不可避免地产生强烈的虚无感。道教认为世界是无始无终的，如果你不追求长生，生命再长也总有限度，用生命的长度除以无限大的时间，结果终究只能是零——在无法长生不死的基础上，人的一切成就都会丧失意义。这是学道家理论而不信道教的终极悲哀。

你可能会感受到，李商隐的诗歌里常有一种哀怨的虚无感，这种虚无感就来自老庄的思想。道家思想素来是我国士大夫的精神退路，而李商隐对道教的贴近，本身也有逃避现实的精神需求在。仕途的不成功一次次把他推向道教的思考通道以求安慰，他的诗歌底色，也就在这个过程中越来越趋向于空虚和幽怨。语言之外，这是道家在情绪底色上对李商隐诗歌的影响。了解了这些，我们重看李商隐的诗歌，就更会明白这种独特美感的来处。

道教斋文的表意习惯和传统用典不同，它们往往并不绝对追求指向的准确，也不涉及太多表态的欲望。在斋文的写作思维的影响下，李商隐作诗时也一定程度上遵循了这种习惯。他用道教事典的目的往往不在输出，而在藏匿，这与他以抒发见解为目的的咏史刺事式用典底层逻辑完全不同——也正因此，我们才要单把咏史诗提出来谈。他的情感写作和身份写作，依从的是截然不同的表述逻辑。

道教的本质是用执念去化解虚无，所以典故底色中既有执着，也有怀疑。在李商隐的诗歌里，执着的部分常被用以描述可望不可得的追求，诸如"萼绿华来无定所，杜兰香去未移时""若是晓珠明又定，一生长对水晶盘"，且不论追求的是爱情、友情还是仕途，它是仰视的、迷恋的，更是完全不可控的——这和道教求仙的心境非常类似。怀疑的部分呢，则通常会被李商隐用以为自己的失去代言。道家讲顺势无为，李商隐在诗歌里就将这种随顺处理成了消极的等待，故而他的诗很难说是伟大而有背负的，因其绝少主动争取担扛。如我们提过的"不因杖屦逢周史，徐甲何曾有此身"，失去后还要自我反思是否原本的期望就是错的，这是一种典型而传统的女性化思维视角。

因此，李商隐的诗虽然很擅长调动物象，却仍没有侵犯感，也即攻击性——这就和他所学的李贺完全不同。他的诗并不以文字的张力为美，相反是向内虹吸的，这是道家大盈若冲的审美取向，像道教的洞天，在深山中待人自发前来寻找修炼。人不来也便罢了，一旦来了，就会越走越难以自拔，甚至可能会被引导至一个完全不同于先期预设的出口。

于是，由于性格、信仰和修行侧重的不同，李商隐虽然也受到了道教影响，外化出来的诗歌气质却和李白完全不一样。倘说李白立身在道教的质，李商隐取的就偏近于文：出于美观或御寒的功能需要，他选择了道教元素和材料作为诗的外衣，也构筑出了独特的语言特性。先敬衣服后敬人，一个人的表象呈现，本来就是他的审美、思想、倾诉欲的总和。李商隐虽然并不信仰道教，但道教依然对李商隐的诗风产生了非常重要的影响。

下面我们再聊聊佛教。

李商隐虽是到晚年才正式皈依学佛，但接触佛教其实并不比道教晚。从青年时代起他就和僧人多有来往，也常在寺庙小住。

在诗歌的领域里，他怎么处理这两种宗教思维的关系呢？我个人认为李商隐的诗分两种，描述向外的、对他人的感情时，他往往会调用道教的动态手法，流动运转，非常自如；但在描述向内的、和自己的相处时，他的诗却通常更接近佛教的审美，气息和画面都是静态的。

在不用苛求自己去面对世界时，李商隐的诗非常寂静。比如"玄蝉去尽叶黄落，一树冬青人未归""落叶人何在，寒云路几层""沧江白石樵渔路，日暮归来雨满衣"，李商隐很快掌握了王维式定格画面的能力。他可以很自如地观物，把世界拆解成一帧一帧的景物画面，只一点和王维不一样：李商隐的画面背后有情绪。

李商隐不能做到王维的物我同寂。他看到的世界是寂静的，但是他会在诗里不自主地为这种寂静感到悲哀——和佛教讲的悲悯不同，悲哀是属于个体的。我们可以理解为，王维已经做到了近乎以物观物的境界，而李商隐还停留在以人观物的阶段。我们看李商隐一句和王维"隔牖风惊竹，开门雪满山"的处理方式类似的诗句"炉烟消尽寒灯晦，童子开门雪满松"：两个人都没有用愁、怨、悲、苦这类词汇去直接定义诗的情绪，但相较于"隔牖风惊竹"的单纯觉知，李商隐的描述就显得不够冷静：炉烟散尽，灯也暗了，意象和动词都明显带有无望、孤独、难舍的种种感情底色。这并不是佛教应有的无机聚散式的视觉角度。

李商隐平生所获少而所失多，他希望能借助佛教的观感去自我解脱——但理性上知道是一回事，感性上能做到又是另一回事。李商隐的所长是迅速掌握理论，而不是把理论内化成肌肉记忆，所以宗教对他而言更多是知识，而不是直觉。李商隐有一句诗"世界微尘里，吾宁爱与憎"，说世界都是微尘粉屑聚合出来的，我为什么要去爱、去恨？为什么会有这些情绪呢？"宁"字可以读出来很多种语气，但无论理解为"何苦"还是"怎么能"，抑或"难道""宁可"都好，我们总能看出来的是，虽然自知不该，但李商隐最终默认自己是无法戒掉那些"爱与憎"的。

李商隐最终没能被宗教收服，但所幸他的诗歌没有拒绝宗教的影响。道教带给了他更丰富的典故素材、更华美的文字质感、更多变也更多解的语言风格及悲哀空虚的情感底色，佛家则驯化了他攫取瞬间、定格世界的观察方法。佛、道两种宗教带给他许多实用的方法论，却都没能改变他的世界观。

得到过才有能力说看淡和勘破，一个童年时代潜意识被困苦和挣扎绑架过的人很难轻易放弃尘世的欲念。李商隐自幼贫穷，缺少父爱，这种缺口需要很多很多的成就和爱才能填补。在俗世的渴望得到充分满足前，他不可能获得出身世家的王维那样自然平静的心态——他不会甘心于把自己放空，再毫无保留地交托给某个宗教去填满。

但也正因为此，李商隐才比其他宗教诗人更接近诗。科学没有国界，诗也没有教义，因为没有被宗教思维绑牢，李商隐也就不需要永远陷落在一座走不出去的山里——他可以客观地去权衡每个宗教元素的利弊与效能，然后不断地改进迭代，这种技术流的思维和王维、李白等人截然不同。虔诚的宗教徒写诗往往会要求被宗教驯化过的身体直觉，而李商隐写诗则依靠的更多是脑力贡献。在他的笔下，宗教从不可说的感受变成了可学的技巧——这和他把李贺式天马行空的创作风格巩固为实操方法的套路如出一辙。李商隐不靠天才写诗，更不会过度依赖生命力和情绪，相反，他是非常理性的诗法经营者。这样的诗人可能没有瞬间裹挟读者卷入自己叙事逻辑的爆发力，但他的写法可持续，且能一步步上台阶。李商隐的诗永远不会受情绪低落或者生命力减退的影响而枯竭，而是会随着技法熟练而日益精进。这些技法会渐渐脱离它们的来处，被摄取并保留，然后获得和宗教不再相关的、自由的成长能力——这种成长不但能滋养李商隐最擅长的近体诗，更将泽及他所不能见到的未来时文体。

譬如词。北宋中后期，词在士大夫的创作实践中日益趋雅，也慢慢在精致化的过程中具备了从听觉走向视觉的能力。在很多长调词人的作品中，我们都能看到李商隐式的文字质感和画面处理，周邦彦、姜夔都算此道大家，而南宋的吴文英更被人直接称为"词中李商隐"。如果你读过《人间词话》可能有印象，王国维说吴文英的风格可以用他自己的一句词概括，叫"映梦窗，凌乱碧"，说他的词朦胧恍惚，杂乱无章，看不清楚。和晚唐的诗相似，南宋词已经走到了不只依靠生命力去创作的阶段。而因为王国维崇尚天然，对技术流的评价不高，认为那是"隔"，是没必要的掩映，会影响他看到词人的本源，所以姜夔、吴文英、张炎等南宋名家都不入他的眼——可想而知，李商隐这种虚实交缠、重重设障的写法王国维大概率也不会喜欢。

但其实《人间词话》里所谓的"隔"，正是吴文英们从李商隐这里继承下来的内核。佛教的画面、道教的连接，给了创作者叠梁构屋的能力。诗和词从此不只是简简单单的情绪通路，诗自身也可以构成一个小小的世界横亘在读者和作者之间。自此，读者要动一些脑筋、费一些力气，才能走过它找到背后的作者。倘这世界过于复杂玄奥，也可能读者最终就走不出去了——但无论如何，正因为有了这样一个世界，诗才最终可以走出作者的轮廓线，变成一个大于作者的东西。

如果不隔，则永远不会存在这样的可能。

吴文英的词你可能看得不多，但从前人的评语里我们不难猜到他的风格。从张炎"如七宝楼台，眩人眼目，碎拆下来，不成片段"的评论不难看到，吴文英的词不连贯，从句意到意象都是断续跳跃的。他也很喜欢用典故去生成高速切转的静态意象，这种错乱而大胆的拼接为他的词作博到了很大的画面空间，而这种处理方式，就是李商隐从宗教里吸取并且巩固下来的。不过，吴文英对李商隐并不是简单地继承，在前代多位音律大家的基础上，他基于词所独有的节奏特点，用声律的特点迭代出了比道教所谓的云雾法更高一重的方法论——作为南宋几位非常有影响力的词学大家之一，这些技法也进一步带动了此后的很多代词人，比如清代以朱彝尊为首的浙西词派。

当精神被提取成技术，它就自然会跟随时代成长，永不衰竭。这也许能给陷落在人生苦短而世界无限的道家悖论里的李商隐一点点安慰。

今天就聊到这里吧。乌云旁边总有金边，即使心灵无法彻底皈依，有心人也可以在别人虔诚的夹缝里找到适合他那部分的东西，并提取留存。李商隐有一句诗叫"琥珀初成忆旧松"：松脂并不是松树的标签，但一旦它变成琥珀，千年后的人们仍能从松香里回想到最初的那株松树。好像我们如今看到清词会想起吴文英、姜夔，想起周邦彦，想起李商隐，然后想起李白、王维，想起每一个画面的生发机理和运作来源。这是李商隐作为一个非宗教信徒给宗教的最好回馈。

  明天见。

第十五日

看世界，用李商隐的滤镜

梦为远别啼难唤

今天是这场漫谈的最后一天，感谢你时至今日的陪伴。我想用一个轻松些的思考结束我们的长谈：作为一个现代人，我们到底该怎么去看李商隐，又该怎么用看过李商隐的眼睛去重看世界。

在此之前，要恳请你先戒除仰望的姿态——想站得稳、看得真切，我们首先就要摆脱是古非今的绑架。所谓"复古"，通常只是为解决现实问题的聪明人提出的一个不易辩驳的口号。事实上，世界上从来都没有真正意义的读档重来，因为现实的问题，本就是古人所不曾经历的那些时间凝结而成的。

当时间无法倒转，封闭掉的可能性无法重新开启，前行方向无法彻底偏离，那么所有的复古都是空话。

我们拥有古人所不能拥有的那些时间，正是这些时间的完成，才有了一代代的奇才偶然又必然地出现——他们握住了他们看到的光，这些光亮层累在人间的土壤里，最终形成了今天。他们是河流，但并非瀑布。这是今天的我们面对唐代的李商隐时应有的底气。

昨天我们说过李商隐很擅长在多重门户间寻找交叉，并将罅隙中的孳息提取、留存，终而形成自己独有的美学体系——这样的美来源广泛，去向也就多元。我们举过吴文英的例子，证明李商隐对后世的影响并不限于诗，也蔓延到了词，而万法一理，诗的泛化产物当然已经远不限于词——作为现代人，我们熟悉许多李商隐不曾想见的倾诉载体，也大有机会去接触不同的文化流脉与审美体系，当然，我们还拥有一门长成不过百年的新语言——现代汉语。

在李商隐所远不能企及的广度之下，我们思维碰撞的可能性也随之呈几何级数增长。然数量虽可观，交叉却仍是交叉，倘若你像李商隐那样有能力随时开启审美的关联模式，可能会获得很多之前不会意识到的灵感。

举个例子——我们说说现代汉语世界里的词学：流行歌词。

一定程度上说，因为现代诗最终没有雅化，也就不曾出现阶级闭锁，所以流行歌词和现代诗的分野是很模糊的。有担当的作词人，大多承担了一点为时代保存诗的职责。正因如此，我们常常能在20世纪八九十年代的歌词中看到一些在现代汉语的荒原里披荆斩棘的痕迹。这种语言的试探，其实和李商隐的尝试并无区别，所以它们虽然是市场的，但也是诗的。

我们聊一首大家比较熟悉的歌——罗大佑的《你的样子》。这是老电影《阿郎的故事》的主题歌——看过或没有看过都不要紧,因为这是一首可以表达普适情感的歌,我们也可以在这首歌的歌词里,隐约辨认出罗大佑用古代汉语的手法去驾驭现代汉语的企图。

歌的开篇是这样的:"我听到传来的谁的声音,像那梦里呜咽中的小河;我看到远去的谁的步伐,遮住告别时哀伤的眼神。"

两个"谁"的出现说明开篇画面并没有固定的对象现身——定点虚焦是语法多谲的文言所擅长的,但偏好准确性的现代汉语不很容易做到。前后一句"听到"、一句"看到",但听到的却在"梦里",看到的也已"远去"——罗大佑调用了人类最有效的两个感官入题,却同时仍保存着意象的含混迷离,这和李商隐写神女的手法很像——"一春梦雨常飘瓦,尽日灵风不满旗",他们都用隐喻将人的声色与外在世界结合了起来。以不可知的自然现象去联动情绪,是拆解确定性的有效办法。

此外,罗大佑还做了一点语言上的颠倒与弯折。比如,他不说声音呜咽,而说声音像"梦里呜咽中的小河",这样一来,就把观察对象的既定情绪切分了一部分可能性给观察者:观察者的梦里有一条小河,这条小河在呜咽,那么开篇呈现给听众的呜咽到底是确然存在于梦外的,还是做梦的这个人自己的呢?是有人在呜咽,所以我听到了呜咽,还是只因为我在呜咽,所以我听着谁都好像在呜咽?

这个逻辑很绕,但你如果仔细观察,会发现李商隐也非常喜欢用梦的介入将自己和思念对象打散再黏合,借此达到迷离恍惚、你我不分的效果——前面提过的"梦为远别啼难唤"就是同样的手法:是梦里的人为远别而啼哭,还是做梦的人为远别而啼哭?是因为啼哭所以无法唤出声,还是因为距离太远而只能啼哭,不能唤出声?通过梦的穿插,理性和感性出现了混沌,这就是二层世界的构建。

由于时间关系,我不能一句句讲完这首歌了,只再看看副歌的两句吧:"不变的你,伫立在茫茫的尘世中。聪明的孩子,提着易碎的灯笼。"你或者听过这首歌,知道第二段后面这半句变成了"聪明的孩子,提着心爱的灯笼"。

这两句的描述手法依然在模拟梦境:"茫茫的尘世",这是个几乎没有提供任何信息量的意象,因此,它本身就是个梦一样的背景板,而"不变的你"则是这个梦的锚点。所谓"不变",就是唱歌的我和尘世中的你之间的羁绊——视觉的或心理的。

顺理成章,到此该把镜头交给这个"你"了,但罗大佑突然切换了人称:"聪明的孩子,提着易碎的灯笼。"

这个表达非常漂亮,极抽象,也极精准——因为是孩子,所以灯笼的一点点光亮就可以满足他；因为聪明，他十分清楚灯笼易碎，这点光亮是非常脆弱的；又因为是孩子，即使非常小心，他依然很可能会碰碎它；又因为聪明，他更看得到自己的能力与对灯笼的珍爱并不匹配，从而自知无法长期保有这点光辉。然后来到第二段，"易碎的灯笼"变成了"心爱的灯笼"——你看到了，虽然预期如此悲观，但孩子依然不愿意放手。

这种投射在《梦的解析》里叫主体替代客体，它试图解释的是梦中人与做梦者的关系。你看，把孩子和灯笼中哪一个替换成我或你，都能精准地拟合出一种患得患失的情感：虽然知道结果大概率很坏，但仍然眷恋这一刻光亮。

说这是爱情其实狭隘了——它几乎可以用来形容人世间所有纯洁的执念。当意象的设置足够干净简洁，诗就可以拥有情绪上普适的代入性，这也正是李商隐惯用的手段。

不知你发现了没，这两句歌词和李商隐的"红楼隔雨相望冷，珠箔飘灯独自归"有着相似的构架：前一句是茫茫尘世里无望的情感锚定，后面一句是无可奈何终将失去的结局。但罗大佑引入了一个干干净净的孩子，从而彻底将这种无望脆弱化、极端化，而李商隐却始终保持着成年人的体面和克制，只是将画面留给了一个"独自归"的背影。

读过李商隐之后，你会发现在如今的汉语世界里，他的影响依然无处不在。创作这首歌词时的罗大佑大概率并没有刻意想起过李商隐，但李商隐留下来的美学手法，已经融入了晚唐之后无数诗人的语言习惯里，并不需要他们刻意想起——即使载体变成了现代汉语，它也依然强势地保持着自己独特的血缘。

事实上，李商隐式的美学也早已不必被框定在汉语世界里了：意象与情感的双螺旋，本身也是人类最原始的思维基因。

昨天我们说过，为了在现实的苦恼中求得解脱，李商隐曾多次尝试以操纵语言影响思维的方式进行自我宽解。而当我们将过往的时间与文化全部压扁再回看时就会发现，他最终选择的工具实则非常简单：一个是我们刚刚提过的梦境，另一个就是时间。如果你对现代的或者说西方的诗学有一点兴趣，会发现这条路是不分国界的。多数有诗性追求的创作者，最终都会在这两个因素构成的道路上殊途同归。

也举个相对普及的例子：阿根廷著名作家、诗人博尔赫斯，他对时间的迷恋几乎众所周知。与李商隐相似，博尔赫斯晚年视力恶化，终而失明，也正因为这样，他渐渐摆脱了常人无法拒绝的、现实世界的视觉输入，从而在创作上达到了想象和现实间的自由转换——一定程度上，这种转换也可以理解为打乱时间后的梦境。

博尔赫斯在《有人梦到》这篇散文里提出过一个问题："时

间都梦到了哪些梦？"最终他给出的答案是"时间梦到了某个人在梦到他自己"——这其实就是"庄生晓梦迷蝴蝶"。在博尔赫斯的世界里，时间和梦境既是战场，更是归途。他说"梦乃是最古老的美学活动"，又说"在大部分时间里，我们并不存在；在某些时间，有你而没有我；在另一些时间，有我而没有你；在有些时间，你我都存在"：你也许看得出，这与"望帝春心托杜鹃""蓝田日暖玉生烟"是异曲同工的表述。

博尔赫斯的作品在20世纪八九十年代曾风靡中国，虽然近十几年热度稍降，但站在世界文坛上看，他的影响力绝对只增不减。他的作品注重思辨，进而突破了单一语言甚至单一文体的桎梏，具有纵横跨界的能力。大家经常试图用各种主义去概括他，譬如超现实主义、神秘主义、魔幻现实主义、后现代主义……这些新名词大多旨在赞扬他的新锐与现代，但在我看来，他所依托的创作本源是最原始的——人类和过往及未来的关系、人类对自我的剖析、灵与肉的剥离，其实切换回来，依然是我们所说的时间和梦境。博尔赫斯在一篇小说里称"写小说和造迷宫是一回事"，又说"由相互靠拢、分歧、交错或永远不干扰的时间织成的网络包含了所有的可能性"。不知你看到这些话是否会想起我们之前一些对李商隐诗作的分析——比如靠拢、分歧、交错，等等，就完全可以解释为视角的多解和可能性的延伸，但无论如何我相信你一定能感受到,博尔赫斯所付出的这些伟大的努力,一千年以前的李商隐也曾经在同一条路上全心全意地为之探索——而一千年以后的我们,恐怕也不会放弃这个探索。

当然,再扩展开来我们还可以进一步说:李商隐式的美学也不必只托身于语言载体。如果你心中有李商隐,那么去领略任何艺术时,你都能用他的手法去拆解美。

——譬如晚唐时代远远没有出现过的电影。

很难说电影是脱胎于诗,抑或只是和诗不谋而合:毕竟一切依靠美去自我表达和成就的途径可能都会遵循类似的美学法则。

时间有限,我只举个最简单的例子吧:看熟了电影的你可能很熟悉蒙太奇(镜头组合理论)的概念了。它后来发展出很多操作模式,但归根结底,电影人的共识没有变:镜头的组合是艺术感染力之源,而镜头的并列可以形成新的特质,产生新的含义——你看,多视角、多机位甚至多场景的穿插和运转,这种用碰撞博取更多可能的创作方式,也是李商隐式诗歌的美学核心。

当你赞同这个底层逻辑,看电影时就自然更容易察觉到导演一些诗性的野心。现如今,即使最商业的大片也早已经不甘心于跟着故事一镜到底了——他们会千方百计通过不经意的镜头切转完成人物的命运关联。比如影片《这个杀手不太冷》里,在每一个情感节奏关键点都会出现的那盆万年青,其实就是隐喻蒙太奇的手法。它的作用跟李商隐诗作里反复出现的月亮一样——当一个事物和一种情感或者一组关系反复关联出现,它就会产生反向赋能的能力,随后渐渐和本体的形象甚至命运互相渗透:万年青会让人想到莱昂的单纯、坚强、生命力,那么最后它被种下时,就会反过来使观众对莱昂的影响与小女孩的未来心存希望。李商隐的月亮也是这样,它被用来形容恋爱对象的孤独、清冷,但同时也反过来为她赋予了崇高、晶莹、圣洁的形象加成——当然,更预示了终不可得的命运基调。

说到这儿,我们的美学扩展当然还可以进一步摆脱画面——诗的要素本就还有节奏和音韵,所以它更可以走向音乐。

用民乐举例,像《大浪淘沙》《飞花点翠》《出水莲》这样的曲子,不容易反复抓到大段主旋律变奏,却会不断通过一些两三小节的弱呼应形成暗线关联,这就是李商隐式的创作;而像《金蛇狂舞》《阳春白雪》《霸王卸甲》这样的曲子,不断用主旋律交错穿插推动进程,则属白居易式思维。它们虽然没有视觉性,但依然存在断续和连贯的分野——当你找到曲子的底色,再用诗的视角去听、去感受某段旋律为什么会被打散,某半段旋律又为什么会突然和另外半段发生转接,你会发现很多之前从来不曾意识到的东西。这里往往就有曲作者的企图,而它本来也是诗性的一部分,或者说是美的一部分。

当然这个话题还可以无尽地扩展，比如如何欣赏现代的画作、雕塑，如何用李商隐的眼光去解构小说、散文。

当你眼中已经有过这个人，你会发现他的痕迹会附加在你的一切观察和感受里，变成你自己审美理解的一部分。这也是我们在这十五天的漫谈完结后，应该走向的新开始。

感谢你十五天来的陪伴。再见！

附　　　　　　**你的样子**

罗大佑

我听到传来的谁的声音

像那梦里呜咽中的小河

我看到远去的谁的步伐

遮住告别时哀伤的眼神

不明白的是为何你情愿

　让风尘刻画你的样子

　就像早已忘情的世界

曾经拥有你的名字我的声音

那悲歌总会在梦中惊醒

诉说一定哀伤过的往事

那看似满不在乎转过身的

是风干泪眼后萧瑟的影子

不明白的是为何人世间

总不能溶解你的样子

是否来迟了命运的预言

早已写了你的笑容我的心情

不变的你 伫立在茫茫的尘世中

聪明的孩子提着易碎（心爱）的灯笼

潇洒的你将心事化进尘缘中

孤独的孩子你是造物的恩宠

后记

这本小书整理自一套讲稿。我口才本不佳,应下了这样的开口差事,只是因为无法拒绝"李商隐"这个名字。我曾研究过不少诗人,有时为他们的诗,也有时只为诗后的人,至今尚未停手。在尚看不清边际的前路,我早有终将遭遇李商隐的自觉——虽然本以为这照面会来得更晚些,晚到我自认做好了万全的准备,但真正且说且录走下来我才发现,准备本就不必完全,也没有完全。

一场偶遇,总会比审视、调查或窥探要来得愉快。

于是计划中的讲稿最终在这样的愉快里变成了漫谈:说是我硬拉你说个山跑场马也好,说是不设听众的空中语也不妨,它不见得全面,但好在能尽兴。十五天,从局促紧绷到快然投契,更到随心率性而无不可言,你当能看到这样的变化——我也不曾试图在最终的修订中抹平它。

这是时间的力量,而时间,本也是诗的一部分。

不同于一些横空出世而浑难理喻的天才,李商隐是个能生长也会呼吸的诗人,他的诗歌遂可看作时间的坌和。虽则他看似并不屈从于线形的时轴,而更偏好将之打散再行重构,甚至隔开不同的流速,任两股时流一快一慢,交错并行——但究竟他是时间的解人,也清楚地知道并能娴熟地运用它的分量。

敬畏与依赖成其人相,而拨弄与量校则脱乎神相。这十五章漫谈,正是在这样的人神交界之间,各自找到了位置。

我们不妨将这本小书比作为空中神影绘制的一张画像:第一日以接受史打底稿;第二日便以身世刷轮廓线;第三、四日以周遭人物设衬色;第五六日则以感情丰盈其肌理、点染其眼波;第七至十二日解诗,细绘衣纹披帛、宝珠法器;第十三、四日说宗教,则可造云雾、起背光了——当然,画中之神再出尘,这张小影最终还是要挂回到人间的粉墙上,以此,我们方能走到第十五日的回归、对视与冀望。

书依讲稿改成,因此语言上保留了口语习惯,而并未将语言调度的野心加诸其上。这虽与我预想的样子不同,但真正面对这套成稿时,我倒更感受到了这样平易表达的合宜。

面对这样的个体,任何曲转和变化都是对读者的进一步干扰——不论滤镜是否有自己的美学意义。平实化的讲述并不出于呈授的态度,而只近乎介质的自觉:李商隐自身已太擅掩映了,他的遭际与哀欢多在事典的颠倒虚化中模棱恍恍,渐至失真——甚至对某些读者而言,这失真几能致幻。要破除幻觉,见到李商隐本身,阵中人当已不能再多承受一层幻术。

前路多艰,我虽不乐翻译,行来也究须将绊子拆拆。然每人皆有自己顺手的路数,愿你只看着我且谈且着手便好,万莫带累了自己的习惯:我们要见的,本不会是同一个李商隐,而我手头的纽襻,也不一定就系在你的包袱上。

限于篇幅,这本书中选的诗不多,我谈得也任性,但诗本便不必是知识点的载体。它存活于察觉、碰触,甚至可能存活于消逝之隙。从这个角度看，我们说得愈放诞率意，抛给灵机的着力点反而多些——那么诗的闪现、栖生或者也便容易。

嗯。翻这本小书时，我希望你就是抱着这样轻松的兴味和我坐在一起的。

我们且一同听任诗和李商隐来是不来。

图书在版编目（CIP）数据

李商隐十五日谈 / 李让眉著. —北京：中国长安出版传媒有限公司, 2022.8
ISBN 978-7-5107-1068-1

Ⅰ.①李… Ⅱ.①李… Ⅲ.①李商隐 (812～约858) —人物研究 Ⅳ.① K825.6

中国版本图书馆 CIP 数据核字 (2021) 第 200550 号

李商隐十五日谈

李让眉 著

出　版社	中国长安出版传媒有限公司
地　址	北京市东城区北池子大街 14 号 (100006)
网　址	http://www.ccapress.com
邮　箱	capress@163.com
发　行	中国长安出版传媒有限公司　全国新华书店经销
电　话	(010)66529988 转 1319
印　刷	北京中科印刷有限公司
开　本	880 毫米 ×1230 毫米　1/32
印　张	7.5
字　数	135 千字
版　次	2022 年 8 月第 1 版　2022 年 8 月第 1 次印刷
书　号	ISBN 978-7-5107-1068-1
定　价	45.00 元